Guía hispánica de Internet

1.000 direcciones del mundo hispánico

Alfredo González Hermoso

GRU
Plaza C
TEL.: (3

Primera edición: 1999.

© Alfredo González Hermoso.
© Edelsa Grupo Didascalia, S.A. Madrid, 1999.

Dirección y coordinación editorial: Departamento de Edición de Edelsa.
Diseño de cubierta: Departamento de Imagen de Edelsa.
Maquetación, fotocomposición y fotomecánica: L. H. Estudio Gráfico, S.L.
Impresión: Pimakius.
Encuadernación: Perellón, S.A.

ISBN (libro y *CD-ROM*): 84-7711-357-2.
Depósito legal (libro y *CD-ROM*): M-15833-1999.

PRÓLOGO

Cuando alguien recorre Internet, inmediatamente se da cuenta de que un nuevo «continente» está surgiendo: un continente de la información, de la comunicación y del intercambio. Esta extensa Red interplanetaria transformará, sin lugar a dudas, nuestros hábitos: entre otros, nuestra manera de comunicar y aprender cambiará, las formas de compra y venta ya no serán las mismas, e incluso la publicidad y el *marketing* tendrán que adaptarse al nuevo medio.

No obstante, a muchas personas todavía les resulta árido entrar en este continente, debido a la inmensidad de la información y a las dificultades para discriminar con una cierta agilidad la información relevante de la que no lo es tanto.

Si a esto se le añade que Internet es un medio dominado fundamentalmente por la lengua inglesa, y que la mayoría de las guías y revistas especializadas en Internet se limitan a proporcionarnos «sitios» en inglés, el vacío existente en la localización de la mejor información en lengua española se hace más patente.

La presente *Guía hispánica de Internet* se dirige, así pues, a todas aquellas personas hispanohablantes interesadas en conocer «los 1.000 mejores sitios del mundo hispano en español», ya sean profesores de E/LE que deseen enriquecer sus clases con los recursos que ofrece Internet, alumnos de todos los niveles y carreras que deseen perfeccionar sus conocimientos sobre la lengua y la cultura española e hispanoamericana, turistas que quieran conocer y visitar los países hispanos, o bien cualquier otra persona que quiera informarse y divertirse en español aprovechando los recursos que ofrece la Red.

Su principal objetivo es facilitar la búsqueda de la información; así, la primera parte de la obra recoge los «quioscos virtuales» de los sitios más relevantes relacionados con la lengua y la cultura hispanas: las mejores páginas del mundo hispánico y los directorios de enlaces hispanoamericanos. A continuación se indican los buscadores españoles, regionales, hispanoamericanos, internacionales, los multibuscadores y los buscadores especializados.

En la segunda parte, la *Guía* desglosa con todo detalle los contenidos de la información encontrada en español en el conjunto de estos directorios y buscadores, barriendo amplios campos y dominios que pudieran interesar al lector: lengua y cultura hispanoamericana, prensa y medios de comunicación, ocio y comunicación, educación y enseñanza, empresas, comercio, negocios y empleo, e Internet y «navegación». Cada sitio está brevemente resumido con las indicaciones propuestas por los autores de las páginas.

Si bien es cierto que una guía de sitios de Internet nunca podrá ser completa, en tanto en cuanto los sitios nacen con entusiasmo, viven, se transforman, desaparecen, cambian de dirección y vuelven a aparecer (todo lo cual le otorga a la Red su cualidad de medio extraordinariamente dinámico), esperamos que la presente obra sirva al lector para proporcionarle una certera visión del amplio «subcontinente hispánico» que alberga la Red. Desde aquí incitamos asímismo a los autores de sitios del mundo hispano en inglés a que los traduzcan al español para aumentar la riqueza que supone la presencia de la lengua española en Internet.

El *CD-ROM*

Con el fin de no tener que escribir direcciones, a veces muy complicadas, y de convertirse en una útil herramienta de trabajo, un *CD-ROM* en versión PC y Mac acompaña a la *Guía hispánica de Internet.* Los sitios del *CD-ROM* se reproducen en el mismo orden de aparición de la obra —es decir, por capítulos—, pudiendo también localizarse por orden alfabético en el fichero denominado «Índice». El único requisito para la exploración del *CD-ROM* es el de tener la instalación de Internet, así como un programa de navegación a través de la Red.

Alfredo González Hermoso

ÍNDICE

1. Las mejores páginas, directorios de enlaces y buscadores

En esta primera parte hemos recopilado los mejores recursos de Internet para aprender el español como lengua extranjera, seleccionando las páginas y directorios que ofrecen más enlaces a sitios dignos de interés y que presentan una mejor clasificación y disposición de tales recursos. Añadimos los diferentes buscadores hispanos, regionales e internacionales, así como otros medios de consulta que permitirán una búsqueda fácil y eficaz.

1.1. Las mejores páginas *web* en español

Las mejores páginas *web* que hemos seleccionado son quioscos virtuales que recogen los sitios más relevantes relacionados con la lengua y la cultura hispana, así como las herramientas didácticas que necesita el alumno para mejorar sus conocimientos de la lengua, y el profesor para completar su formación personal y proponer al alumno un complemento de enseñanza interactivo y acorde con las nuevas tecnologías.

Centro Virtual Cervantes
http://cvc.cervantes.es/
Pretende ser el lugar de referencia en Internet de la lengua española y la cultura hispánica. Propone: materiales de español (materiales para estudiar o perfeccionar el español —textos, imágenes y sonidos—), Diplomas de Español como Lengua Extranjera (pruebas reales de exámenes para obtener el DELE, título oficial expedido por el Ministerio español de Educación y Cultura), hispanismo (buzón de ayuda a los hispanistas de todo el mundo), cultura (la actualidad sobre la cultura en España e Hispanoamérica: arquitectura, escultura, pintura, música, cine, teatro, conferencias, exposiciones, charlas con escritores y otros creadores…), bases de datos (acceso a bases de datos sobre la gramática de la lengua española), foros de debates (abiertos a cualquier opinión, consulta o aportación sobre asuntos relacionados con el español y la cultura hispánica), cursos de español (con servicios de consultoría y tutoría para la enseñanza asistida de español a través de la Red) y el Oteador (un nuevo y particular buscador que lleva a los sitios más relevantes relacionados con la lengua, literatura, diccionarios, editoriales, librerías, bibliotecas y bases de datos, universidades, etc.).

La Página del Idioma Español
http://www.el-castellano.com/
Quiosco virtual con prensa de América Latina y España: diccionarios digitales; herramientas y normas del idioma; rincón del traductor, temas, problemas y secretos de traducción; cursos digitales de español; listas de discusión sobre el castellano; páginas literarias, épocas y autores; el Primer Congreso de la Lengua: ponencias de Cela, García Márquez y Octavio Paz; *spanglish:* el español contaminado; temas y debates de actualidad sobre el idioma español; páginas técnicas sobre Internet y sistemas operativos; búsquedas en español; páginas hispánicas sobre bellas artes, música, filosofía, psicología; proyectos: cómo participar en proyectos de fomento y defensa del español; ortografía: ecos de la polémica desencadenada por G. García Márquez… *La Página del Idioma Español* fue creada en abril de 1996 con el propósito de contribuir a la preservación, unidad y pureza de nuestra lengua. Es editada por Ricardo Soca, periodista uruguayo y corresponsal de *El País* de Madrid y del servicio latinoamericano de la BBC.

Lengua Española

http://www.gu.edu.au/gutl/stf/spanish/puerta/leng.htm#cur

Página de Petra von Helles y Andrew Milmore que contiene mucha información útil para las personas que quieren aprender el español o mejorar su conocimiento del mismo: asociaciones, conversación, cursos de español, diccionarios, escritura, gramática, lectura y otros recursos. Propone además una sección llamada *La puerta del Mundo Hispano,* que permite explorar los diferentes aspectos del mundo hispano: economía y política, educación, prensa, lengua y literatura, historia, tertulia, países, correo, turismo, música, gastronomía, mundo laboral, bellas artes, etc.

Mundo Latino

http://www.mundolatino.org/

Un punto de encuentro en Internet para los hispanohablantes. Consta de varias categorías de búsqueda: selección de las mejores páginas *web* hispanas y página de la semana, arte y cultura (arte electrónico, revistas, literatura, música), educación e investigación (debates, educación a distancia, espacio para niños), periodismo y actualidad (encuestas, debates, directorio de prensa, artículos semanales), comunicación (hacer amistades, debates, la cibervida), negocios (foro de negocios, *banners* publicitarios, información comercial).

Página de la lengua española

http://www.latintop.com/espannol/

Quiosco virtual con varias secciones: instituciones (instituciones de promoción del español, universidades), literatura (literatura, bibliotecas, textos electrónicos y revistas literarias), publicaciones (publicaciones electrónicas, registros y directorios de publicaciones), cursos (cursos de español a través de Internet), diccionarios (diccionarios y léxicos, glosarios especializados), *spanglish* (*El spanglish nos invade*), foros (foros hispanos, grupos de noticias y listas de correo), gramática (gramática, ortografía... la esencia de la lengua), metadiscusiones (reflexiones sobre el presente y el futuro de nuestra lengua), programas (herramientas informáticas para el uso del español), ciudades (ciudades virtuales y servidores públicos), otras páginas (otras páginas de temática similar o relacionada), miscelánea (cajón de sastre), etc. Por Miguel Ángel Monjas Llorente.

Página de la lengua y cultura hispanas

http://www.wsp.krakow.pl/espanol/espanol.html

Enlaces hispanos, foros de correspondencia, literatura y textos misceláneos, prensa, lingüística, referencias para profesores de español, buscadores esenciales, cultura hispana en Polonia, tablón de anuncios. Por Tomasz Sadlik desde la Escuela Superior de Pedagogía de Cracovia, Polonia.

Sí, Spain

http://www.SiSpain.org//spanish/index.html

Servicio interactivo que promueve el libre intercambio de información sobre temas actuales en España y su desarrollo histórico, lingüístico y cultural. Geografía, población y sociedad; historia; lengua y cultura; política y administración; asuntos exteriores; economía y comercio; infraestructura y medio ambiente; sanidad y servicios sociales; educación, ciencia y tecnología; medios de comunicación; información para viajeros; cursos de español en Internet; otras páginas sobre España; guía para españoles en el extranjero. Desde la Dirección General de Relaciones Culturales del Ministerio español de Asuntos Exteriores.

1.2. Directorio de enlaces españoles e hispanoamericanos

En este apartado recogemos un número importante de sitios que proponen otros recursos de promoción y defensa de la lengua y de la cultura, así como directorios relacionados con los países de habla hispana. Bajo forma de índices temáticos y a veces de buscadores, estos directorios permiten encontrar todo lo que tiene relación con el entorno de la enseñanza de la lengua, de la cultura y de la sociedad hispanoamericana, así como una miscelánea de entretenimientos, ocio y juegos que interesará a quien quiera aprender jugando.

Agencia EFE
http://www.efe.es
Agencia de noticias en español preocupada por la defensa y promoción de la lengua y de la cultura. Tiene un índice temático con varios enlaces: mundo, España, Iberoamérica, Estados Unidos, Unión Europea, economía, deportes, motor, etc. Propone medios en español con un buscador de la prensa.

América Latina
http://ekeko.rcp.net.pe/rcp/rcp-al.html
El directorio *web* del Perú con enlaces a otras páginas de América Latina.

Asociación Internacional de Hispanistas
http://www.dartmouth.edu/~aih/
Institución académica cuyo propósito esencial es promover la investigación en el campo de los estudios hispánicos, fomentando el intercambio de ideas, métodos y enfoques. Ofrece un boletín bibliográfico y enlaces (*URLs* generales, asociaciones e instituciones relacionadas con el hispanismo, páginas temáticas y textos, revistas).

CiberCentro - Directorio en Español

http://www.cibercentro.com/

El objetivo de *CiberCentro* es proporcionar un índice con las mismas categorías para distintos países: diecinueve hispanoamericanos, Estados Unidos y España. Para cada nacionalidad presenta catorce categorías distintas que van desde los "CiberCiudadanos" hasta universidades, deportes, prensa, mapas locales, turismo o proveedores de Internet.

Ciudad Futura

http://ciudadfutura.com/

Quiosco de amistad y de entretenimiento con secciones de juegos, humor y chistes, cine, música, famosos, ocio, cultura, salud, etc.

Cosas del Español - Nuestra Lengua

http://www.acu-adsum.org/jlb.idioma.espanol.html

Página personal de Jorge Luis Beléndez, con enlaces a páginas de gramática, ortografía, fonología, a un glosario de Internet, a diccionarios inglés-español y a servidores de búsqueda en la lengua española.

Cultura hispana

http://php.indiana.edu/~jsoto/cultura.html

Ofrece los siguientes apartados: recopilación temática de enlaces a grupos de discusión y literatura, España, México, Sudamérica, Caribe, contactos para navegar en la Red hispana, etc. Desde la Indiana University, en Bloomington.

El índice

http://ELINDICE.COM/

Índice temático y buscador. Presenta siete grandes categorías: empresas, economía, medios, enseñanza, geografía y estado, sociedad, ciencia y técnica, con numerosos enlaces a otras muchas subcategorías. Ofrece igualmente los *top* 20: las veinte páginas *web* españolas líderes del día.

El Navegador Hispano

http://www.noticias.com/navegador/index.htm

Índice temático y buscador. *El Navegador Hispano* es un punto de referencia básico para localizar información en castellano. La información se encuentra bajo catorce categorías donde clasifica todas las áreas culturales y de información que podemos encontrar en Internet.

El Oteador

http://cvc.cervantes.es/oteador/oteador.htm

Permite la consulta y la búsqueda de los sitios de Internet clasificados por temas. Directorio de *El Oteador:* bibliotecas, documentación y bases de datos; cultura de España y de Hispanoamérica: historia, filosofía, arte, gastronomía, turismo, ocio y deporte; diccionarios, léxicos y glosarios; editoriales y librerías; lengua: uso y enseñanza de la lengua en general; literatura y textos electrónicos; medios de comunicación: periódicos, revistas y otros medios; mundo académico e instituciones de promoción del español; política y administraciones públicas; recursos de Internet: buscadores, índices y directorios generales, listas de distribución, grupos de noticias, canales de conversación y otras páginas relacionadas con los servicios de la Red. Desde el *Centro Virtual Cervantes.*

El Sur del Sur WEB SITE
http://www.surdelsur.com/pagina3.html
Páginas sobre Argentina. Tabla de contenidos: *Viaje al pasado*: historia de Argentina; *¿Cómo somos?*: los primeros pobladores, los pueblos indígenas; *La conquista española; La colonización*: llegan los inmigrantes; *El presente; Identidad cultural*: artes plásticas, danza, música, literatura, teatro, cine, deporte…; *Actividades económicas*: agricultura, industria, transporte, comercio…; *¿Dónde estamos?*: situación de Argentina en el mundo, demografía…; *El territorio argentino*: las regiones geográficas, el clima, las provincias, flora y fauna.

Elcano
http://www.elcano.com
Base de datos de direcciones de Internet. En el directorio encontramos dos grandes categorías: áreas de interés (arte, ciencia y tecnología, ciencias sociales, economía y negocios, educación, intereses sociales y comunidades, libros, editoriales y bibliotecas, medios de comunicación y prensa, música, ocio y entretenimiento, ordenadores e Internet, regiones, turismo y países, salud, servicios varios) y profesionales y colectivos (abogados, agentes de viajes, arquitectos, artistas, asistentes sociales, astrólogos, búsqueda de empleo, cinéfilos, coleccionistas, empresarios, *fans*, historiadores, informáticos, ingenieros, médicos, niños, periodistas y publicistas, políticos, radioaficionados, y otros muchos más).

Eliana
http://www.eliana.com/
Índice internacional de páginas de Internet en español y buscador. Presenta las categorías siguientes: arte, ciencia, deportes, educación, entretenimiento, informática, lugares del mundo, naturaleza, negocios y economía, publicaciones y medios, sociedad, turismo.

España al desnudo
http://ibgwww.colorado.edu/~gayan/spain.html
Recopilación temática de enlaces dividida en doce categorías: mapa de España, organismos y documentos oficiales, universidades, medios de comunicación, recursos de Internet, cultura, deportes, toros, turismo, servicios de Internet, bancos y economía, varios.

España, la "Madre Patria"
http://www.clark.net/pub/jgbustam/paises/spain.html
Índice temático con numerosos enlaces clasificados en las siguientes categorías: arte, cultura, cine, pasatiempos, autonomías, comercio, deportes, geografía, turismo, gobierno, historia, Internet, sistemas, organizaciones, prensa, noticias, etc. Desde *Hispanic Pages in the USA*, página de Javier Bustamente, *Webmaster*.

Hispanic Heritage
http://coloquio.com/index.html
Página norteamericana de Javier Bustamante, *Webmaster*, con enlaces a temas hispanoamericanos. Los títulos están en inglés.

Infoedes.- Links Educativos en español
http://www.uv.es/~aliaga/spain.html
Centros oficiales, centros universitarios, apoyo al profesorado, revistas, educación, asociaciones profesionales, centros no universitarios, listas de correo, otros países, información técnica, educación especial. Por Francisco Aliaga Abad, Departamento de Métodos de Investigación y Diagnóstico en Educación, Universidad de Valencia.

Kiosco Internet
http://www.kiosco.net/
Permite búsquedas en España y en todo el mundo sobre diarios, revistas, tebeos, publicaciones, radios, guías y carteleras, televisiones, etc. Propone foros de noticias y *chats*.

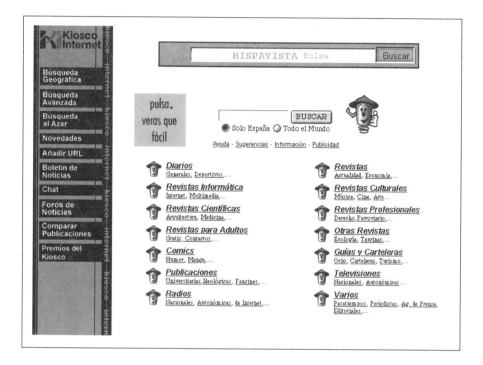

LANIC
http://www.lanic.utexas.edu/la/region/languages/
Propone enlaces con los idiomas del mundo latinoamericano: aymara, azteca, lenguas criollas, guaraní, lenguas mayas, quechua y español. Ofrece además numerosos enlaces sobre métodos de aprendizaje de español, escuelas de idiomas en Hispanoamérica, grupos de discusión, diccionarios, etc. La presentación del índice está en inglés.

Latin World
http://www.latinworld.com/
Directorio de sitios sobre Norteamérica, el Caribe, Centroamérica y Sudamérica.

Latino América Internet
http://www.cdn-net.com/~latin/
Buscador geográfico de países.

Latino Links
http://www.hisp.com/internationalinks.html
Presenta enlaces a países hispanoamericanos con numerosas subcategorías relativas a lengua, cultura, sociedad, prensa, etc. Los títulos generales están en inglés.

Linguanet
http://www.vol.it/linguanet/index.htm
Linguanet es un banco de datos para el mundo de las lenguas y ofrece diferentes servicios, como las *Páginas Amarillas de las Lenguas* —repertorio donde se pueden encontrar muchísimas direcciones útiles—, la *Biblioteca de las Lenguas* —biblioteca virtual donde están archivados libros, diccionarios y otros materiales didácticos, periódicos y revistas en línea; verdadero quiosco telemático donde se puede consultar la prensa especializada, eventos, o el calendario de las citas más importantes del mundo de las lenguas (como congresos, exposiciones…)—, *Expolinguanet* —la primera feria virtual sobre el tema de las lenguas—, y, particularmente útil, el *Servicio de Comunicación* —servicio rápido y económico de comunicación que pone en relación directa a los usuarios con escuelas de lenguas, universidades, editoriales, agencias de viajes de estudio, entidades gubernamentales, asociaciones, etc.—.

Links To Latin American Pages
http://www.ncl.ac.uk/~nptb/la.html
Listas de sitios de Internet sobre América Latina: sitios por países, noticias, periódicos, revistas, historia, gente indígena, universidades. Desde la University of Newcastle upon Tyne, Reino Unido, con presentación del índice en inglés.

Mexmaster
http://www.mexmaster.com
Guía temática y buscador para México y países de habla hispana. Ofrece numerosas categorías: arte y cultura, educación, entretenimiento, prensa y noticias, política, bibliotecas, empresas, turismo, etc.

Organización de Estados Iberoamericanos (OEI)
http://www.oei.es
Numerosos enlaces sobre educación, ciencia y cultura iberoamericanas. Información sobre los sistemas educativos de los veintitrés países iberoamericanos, Centro de Recursos Documentales e Informáticos (CREDI), publicaciones de la OEI, etc.

**Organización
de Estados
Iberoamericanos**

Para la Educación,
la Ciencia
y la Cultura

Presentación del Secretario General de la OEI

¿Qué es la OEI? Portugués

What is OEI?

Programación de la OEI. Entre otros temas destacamos los siguientes:

- Proyecto Democracia y Educación
- Guía Iberoamericana de la Administración Pública de la Cultura
- Formación en Gestión y Administración Cultural.
- Red Quipu. Información completa de los Sistemas Educativos de los Países Iberoamericanos.
- Interculturalismo, Desarrollo y Educación

Página de la Lengua Castellana
http://www.geocities.com/Athens/2982/
Enlaces de literatura hispana: Gabriel García Márquez, Guillermo Cabrera Infante, San Millán de la Cogolla, Antonio Machado, Jorge Luis Borges, Javier Marías, etc., y otros enlaces a diarios y revistas.

Página personal de Hans Le Roy
http://ourworld.compuserve.com/homepages/hlr/recursos.htm
Página personal de un profesor de idiomas que propone "recursos para la enseñanza del español como lengua extranjera". Contiene numerosos enlaces a generalidades, lengua y literatura, países y regiones, institutos y organizaciones, editoriales y librerías, publicaciones periódicas *on-line*, cultura y literatura, etc.

RedIRIS - Red Nacional de I+D
http://www.rediris.es
RedIRIS es un organismo gestionado por el Centro de Comunicaciones del Consejo Superior de Investigaciones Científicas. Cuenta con unas doscientas cincuenta instituciones afiliadas, principalmente universidades y organismos públicos de investigación. Es un índice de recursos de Internet en España.

Señas
http://www.combios.net/senyas/
Índice temático y buscador dedicado a la cultura y el ocio en España y Latinoamérica. Ofrece las categorías siguientes: prensa, revistas, libros, música, cartelera, radio, televisión, deportes, aventura, naturaleza, museos, historia, pintura, ciencia, sociedad, etc.

Spain and Spanish on the Net
http://gias720.dis.ulpgc.es/spain.html
Índice temático con numerosos enlaces sobre España, cámaras de comercio, cultura, gente, Internet en España, lenguas de España, lotería, periódicos, radio/TV, ofertas de empleo, puntos comerciales en castellano, red hispanoparlante, servicios sanitarios, servidores oficiales, transporte, turismo, universidades españolas, etc. Por el Grupo GIAS, de la Universidad de Las Palmas de Gran Canaria.

Spanorama
http://www.spanorama.arrakis.es/links_sp.htm
Direcciones recopiladas y organizadas por el equipo de *Spanorama:* arte y cultura, banca, bolsa, tecnología, deportes, diccionarios, léxico, economía y sociedad, ferias y congresos, juegos, lengua y literatura, música, ocio, prensa y televisión, promoción del español, instituciones, publicaciones electrónicas en español, turismo, Unión Europea, etc.

Telépolis
http://www2.telepolis.com
Navegador temático que pretende privilegiar la calidad frente a la cantidad. Incluye *El Digital,* un buscador de noticias en diversos medios de comunicación, especialmente la prensa española con presencia en Internet. Permite buscar páginas *web* clasificadas según las categorías siguientes: administración pública y política, arte y cultura, ciencia y tecnología, ciencias sociales y humanidades, deportes, educación, economía y empresa, entretenimiento, geografía, turismo y viajes, información y documentación, informática, Internet y servicios *on-line*, medicina y salud, medios de comunicación, profesionales, sociedad, y

muchas otras subcategorías. Propone igualmente una serie de servicios: foros, *chat,* zona de juegos, búsqueda y listín de *e-mails,* consulta de diccionarios Anaya y Vox, etc.

TodoEspaña
http://www.todoesp.es/
Guía comercial y de ocio de España y sus islas. A partir de un mapa, se selecciona la zona para acceder a la información. Ofrece la cartelera de cines de las comunidades de Madrid, Valencia y Mallorca.

Web Latino
http://www.colnodo.org.co/weblat/paises.html
Propone información sobre los países de América y sobre España, con una lista de enlaces organizados por países.

Yupi
http://www.yupi.com/
Ubicado en EEUU, es un canal de navegación en español con un índice temático y buscador. Propone las categorías siguientes: arte y entretenimiento, negocios y economía, educación, deportes, medios de comunicación, turismo, gobierno y leyes, regiones, etc.

1.3. Los buscadores

Un buscador es una herramienta informática para buscar y localizar recursos, páginas, direcciones y cualquier otro tipo de información en la Red. Estas herramientas pueden ser de muchos tipos: directorios de recursos (páginas amarillas, directorios de empresas, etc.), índices temáticos, motores de búsqueda e indización automática.

Hay varias maneras de clasificar a los buscadores:
— según el criterio geográfico: hay buscadores que pretenden ser internacionales, recorriendo toda la Red a lo largo del mundo. Otros se circunscriben a territorios más concretos: los hay europeos, iberoamericanos, españoles, regionales o de una ciudad en concreto;
— o según el criterio temático, es decir, según los temas en que se especializan.
Presentamos a continuación los buscadores en función del criterio geográfico.

1.3.1. Buscadores españoles

Se consideran buscadores españoles aquellos que realizan sus búsquedas dentro de la Red nacional española. No importa que esos buscadores estén localizados geográficamente en otros países, lo importante es que sus búsquedas se realicen en España y que esta sea su centro de acción más importante.

BIWE
http://biwe.cesat.es/
Buscador en Internet de páginas españolas, con un índice temático y buscador. Está organizado en doce grandes categorías: ocio y tiempo libre, arte y cultura, deporte, economía y negocios, gobierno y organizaciones, asociaciones, Internet y ordenadores, medicina y salud, medios de comunicación, turismo y viajes, educación y enseñanza, naturaleza y medio ambiente. De estas categorías dependen innumerables subcategorías.

Directorio Global Net en Español

http://www.dirglobal.net/

Es un directorio que permite "megabúsquedas" en los mejores buscadores internacionales. Consta igualmente de un índice temático organizado en numerosas categorías: arte, ciencias, economía, educación, empresas, entretenimientos, gobierno, información regional, medio ambiente, política, sociedad y cultura, etc.

¿Dónde?

http://donde.uji.es/

Índice geográfico y buscador que realiza búsquedas en función de una comunidad autónoma. Debajo de la entrada de texto tenemos un mapa sensible de España dividido en comunidades y, al pulsar sobre cualquiera de ellas, nos devuelve todas las páginas de esta comunidad.

El Buscador

http://www.elbuscador.com/

Buscador e índice temático organizado por categorías y subcategorías. Presenta las siguientes secciones: noticias, opinión, prensa, *chat,* empleo, así como las diez mejores páginas *web* y las más visitadas.

El índice

http://www.globalcom.es/indice/

Buscador e índice temático organizado con las categorías siguientes: empresas, economía, medios, enseñanza, geografía y estado, sociedad, ciencia y técnica y numerosas subcategorías. Presenta las novedades de la semana, así como numerosas *web* españolas seleccionadas.

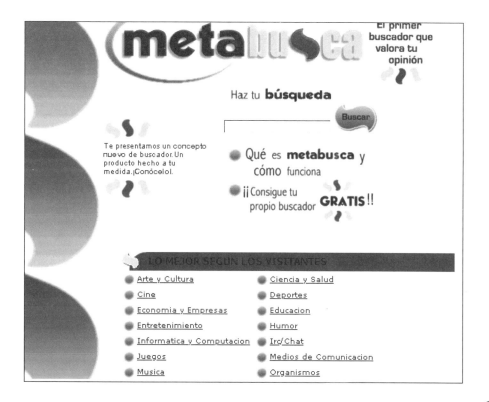

Metabusca
http://www.metabusca.com/
Metabusca es un nuevo concepto de buscador, que pretende contener más direcciones que cualquier otro buscador en español y proporcionar una información más completa de las *web* en español de todo el mundo. Hace una búsqueda según las preferencias de los usuarios que han utilizado anteriormente el buscador, da la descripción del contenido que ha realizado el propietario de la página y prevé los comentarios del equipo de redacción de *Metabusca.*

MIBI
http://www3.uniovi.es/Vicest/MIBI
Meta Índice para Búsqueda de Información mantenido por la Universidad de Oviedo, que recoge páginas *web* dentro de temas como los siguientes: humanidades, ciencia, medicina y salud, instituciones, informática, medios de comunicación, educación, industria, deportes, economía y comercio, ocio y turismo, Asturias. Ofrece también un mapa de recursos por regiones.

¡Olé!
http://www.ole.es/
Buscador e índice temático organizado por categorías: arte, ciencias, ciencias sociales, cultura, deportes, etc., dentro de las cuales hay subcategorías. *¡Olé!* ofrece también diversos servicios.

Ozú.com
http://www.ozu.com
Buscador e índice temático que permite una búsqueda clasificada por categorías y subcategorías: economía y finanzas, Internet, ocio, ciencia, organismos, medicina…

Ozú.es
http://www.ozu.es/
Índice temático y geográfico, buscador. Permite una búsqueda por comunidades autónomas y una búsqueda por categorías: cultura, comercio, finanzas, organismos, salud, turismo… Ofrece diversos servicios: concursos, acceso al mercado de trabajo, anuncios clasificados, guía de eventos y *chat.*

Sol
http://www.sol.es/
Permite búsquedas en España y mantiene numerosas páginas exclusivamente españolas.

Trovator
http://trovator.combios.es/
Potente herramienta de páginas españolas que contiene en su base de datos más de sesenta mil referencias.

Véase también *1.3.7., Directorios de buscadores,* en pág. 26.

1.3.2. Buscadores regionales

Asturias
http://www.asturies.com
El buscador asturiano en Internet. Presenta el siguiente índice temático: administración y organizaciones, comunicación e Internet, cultura y sociedad, economía y empresas, educación y ciencia, turismo y ocio, páginas personales.

Baleares

http://www.digigrup.com/baleares/

Índice geográfico mediante mapa interactivo que pretende dar a conocer las Islas Baleares: historia, grutas naturales y restos arqueológicos, artesanía e industria, flora y fauna, fiestas, gastronomía, rutas turísticas… y los distintos municipios que componen la Comunidad Balear.

Comunitat Valenciana… una visita virtual

http://www.upv.es/cv/

Índice geográfico que permite hacer un recorrido por las tierras de la Comunidad Valenciana, sus fiestas populares, costumbres, su artesanía, su gastronomía y sus paisajes. Desde la Universidad Politécnica de Valencia, en inglés y español.

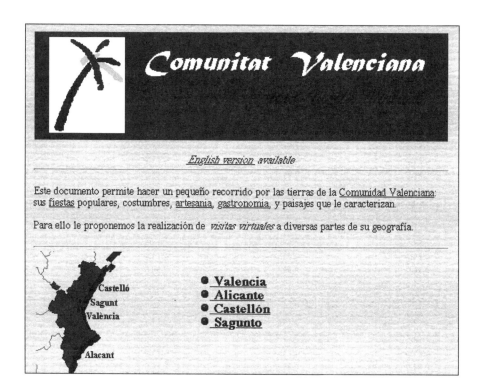

El Faro: Asturias

http://www.elfaro.com/cgi-bin/buscart.cgi

Índice temático y buscador con los siguientes contenidos temáticos: ciencia y tecnología, economía y empresas, Internet e informática, sociedad y gobierno, ocio y tiempo libre.

Enxebre

http://www.enxebre.com

El buscador gallego en Internet. Este es su índice temático: cultura y arte, economía y negocios, informática, educación, organismos políticos, salud, medios de comunicación, ocio, deportes y entretenimientos, turismo, Galicia exterior, páginas personales.

Info Cantabria
http://www1.las.es/~fbarroso
Pretende ofrecer información de interés sobre Cantabria centrándose sobre todo en actividades culturales. Los temas que se pueden consultar son los siguientes: novedades, oficinas de turismo, centros de iniciativas turísticas, cuevas prehistóricas, salas de exposiciones y galerías de arte, playas, enlaces relacionados con Cantabria, etc.

Información sobre Asturias
http://www1.uniovi.es/asturias/
Información sobre Asturias y algunos enlaces. Ofrece los temas siguientes: Asturias interior y costera, Asturias en el Camino de Santiago, información sobre Oviedo, gastronomía, festivales, bosques de Asturias, etc.

LegioNet
http://legionet.com/
Buscador de información para los recursos de Internet relacionados con León. Este es su contenido temático: educación, cultura, administración pública, hostelería, empresas, asociaciones, exposiciones, etc.

País Vasco
http://www.PaisVasco.com/info.htm
Buscador e índice temático del País Vasco con los siguientes contenidos: agricultura, ganadería y pesca, ciencia y tecnología, ciencias sociales, cultura y sociedad, deportes, economía, educación, instituciones, medios de comunicación, turismo y ocio, salud, etc.

Tarragona en Internet
http://www.tarragona.creativeweb.es/internet/
Índice de páginas personales, empresas, entidades, instituciones, turismo y publicaciones de las comarcas de Tarragona.

Turista Virtual de Sevilla
http://www.cica.es/~masa/0tvs/0esp/tvs.htm
Guía interactiva de Sevilla que contiene información turística, comercial y de interés general sobre la ciudad: monumentos de Sevilla, hoteles, restaurantes, servicios varios, *Paseando por Sevilla…*

Vieiros
http://www.iaga.com/vieiros
Presenta los recursos de interés para Galicia de Internet. Sirve asímismo como lugar de referencia donde se da cuenta de las novedades más relevantes para la comunidad gallega de la Red.

Zar@goza
http://www.zaragoza.net
Base de datos regional de Aragón: Zaragoza, Huesca y Teruel. Presenta igualmente páginas de interés: sitios para niños, buscapersonas, *e-mail,* otras guías de Aragón, otras ciudades de España, etc.

Véase también *2.2., Cultura y sociedad,* **apartado** *2.2.16., Turismo,* **en pág. 72.**

1.3.3. Buscadores iberoamericanos

Este listado recoge buscadores específicos de algunos países iberoamericanos y también buscadores que busquen a nivel global en todos ellos.

Auyantepui

http://www.auyantepui.com/

Buscador especializado en Venezuela. Está dividido en dieciséis categorías donde se puede encontrar información básicamente venezolana: arte y cultura, ciencias, comercio, computación e Internet, deportes y entretenimiento, educación, gobierno, política y leyes, industria, negocios y economía, noticias y medios, salud y medicina, sociedad, viajes y turismo, etc.

Explora México

http://www.explore-mex.com/

Buscador especializado en México. Dispone de un directorio de recursos con un total de catorce categorías: artes, regional, entretenimiento, noticias, gobierno, salud, deportes, comercio y empresas, educación, viajes, *top* 100, etc.

GauchoNet

http://gauchonet.com/

Buscador especializado en Argentina. Cuenta con un directorio con diez grandes categorías que agrupan desde información sobre Argentina hasta noticias, educación, política, etc. Dispone además de una utilidad de búsqueda de datos y personas: direcciones electrónicas, grupos de *news,* archivos, números de teléfono en Argentina y Estados Unidos, traducción de palabras a distintos idiomas (a modo de diccionario), envío de postales, etc.

La Tarántula
http://www.tarantula.com.mx/
Buscador especializado en México que permite almacenar y buscar información de páginas y usuarios en la Red. No dispone de listas clasificadas por categorías.

S.B.E.L.
http://rtn.net.mx/sbel/
Buscador especializado en México, que cuenta con el formulario de búsqueda en su página principal, así como con una opción para mejorar el sistema de búsqueda. No dispone de listas clasificadas por categorías.

Véase también *1.3.7., Directorios de buscadores,* en pág. 26.

1.3.4. Buscadores internacionales

Estos buscadores pretenden recoger todos los recursos de la Red a nivel mundial. Algunos de ellos permiten su utilización en castellano y búsquedas específicas en regiones o países concretos.

Altavista
http://www.altavista.digital.com/
Mantiene una gigantesca base de datos, con un índice de más de treinta millones de páginas *web* y doce millones de palabras clave. También explora a diario todo lo que se publica en los grupos de noticias de *Usenet.* La presentación es en inglés.

AltaVista Magallanes
http://www.altavista.magallanes.net/
Buscador en español que accede directamente a un país. Presenta varios enlaces a: *El País Digital, Telépolis, ¡Olé!, Páginas Amarillas de Chile, Páginas Amarillas de Perú, Páginas Doradas de Argentina, Centro Virtual Cervantes,* y ofrece otros servicios variados.

Excite
http://www.excite.com
Índice temático y buscador que ofrece páginas *web* clasificadas por categorías, e incluye reseñas de algunas de las páginas. También incluye directorios regionales y de usuarios. En inglés.

Hotbot
http://www.hotbot.com
Índice temático y buscador, robot de indización. Su presentación es en inglés.

InfoSeek en español
http://www.infoseek.com/Home?pg=Home.html&sv=ES
Buscador en español que permite búsquedas en España o en la Red mundial a partir de una pregunta, una frase o un nombre.

Lycos
http://www.es.lycos.de/
La guía personal de Internet. Es un buscador e índice temático con las categorías siguientes: compras, deportes, economía, empleo, enseñanza, gobierno, juegos, mujer, música, naturaleza, noti-

cias, ocio, ordenadores, prensa, salud, tecnología, vehículos, viajes y numerosas subcategorías. Ofrece otros servicios, como *e-mail* gratuito, *chat,* tienda de informática, tienda de música, etc.

Magellan
http://www.mckinley.com
Índice temático y buscador con presentación en inglés.

Yahoo! - En español
http://espanol.yahoo.com/
Índice temático y buscador que contiene páginas *web* y grupos de noticias. También se pueden localizar personas por su nombre o por su dirección electrónica. Las páginas específicas de un país están en *Zonas geográficas,* donde empiezan nuevas subcategorías.

1.3.5. Metabuscadores o multibuscadores

Estos sistemas van más allá de los buscadores: admiten una consulta y se encargan de lanzarla a los diferentes sistemas de búsqueda que hay en Internet. Ofrecen detalles de las respuestas de cada uno de los servicios, o bien el listado completo de coincidencias.

Cinfonet, Multialta en Buscadores
http://www.cinfonet.com/director/alta.htm
Robot que realiza altas de un recurso en múltiples buscadores.

MetaCrawler
http://www.metacrawler.com
Al hacer una consulta, conecta con *Open Text, Lycos, Webcrawler, InfoSeek, Excite, Inktomi, AltaVista, Yahoo* y *Galaxy,* devolviendo por omisión las diez primeras coincidencias de cada uno de los servicios. Con presentación en inglés.

Net Locator
http://nin.com
Es básicamente una página que reúne a diversos buscadores, y que permite realizar las búsquedas en varios de ellos para comparar los resultados. La presentación es en inglés.

Savvy Search
http://www.cs.colostate.edu/~dreiling/smartform.html
Ofrece una metabúsqueda en bases de datos de la Red, a partir de otros buscadores. Con posibilidad de presentación en español.

Search.com
http://www.search.com
Reúne tanto a los buscadores por palabras como colecciones de índices: personas, números de teléfono y punteros a otros índices de interés. Con presentación en inglés.

Starting Point
http://www.stpt.com
Ofrece una metabúsqueda en bases de datos de la Red, a partir de otros buscadores, que hay que seleccionar manualmente (unos diez o doce). También incluye un índice de categorías. La presentación es en inglés.

WebCrawler
http://www.webcrawler.com/
Índice temático y buscador que incluye tanto categorías como reseñas de las páginas que se envían a la base de datos. Con presentación en inglés.

1.3.6. Buscadores especializados

Presentamos aquí servidores de información sobre nombres de correo electrónico, páginas amarillas, directorios de empresas, directorios geográficos, transmisión de datos, etc.

Amarillas.com
http://www.amarillas.com/
Plataforma de navegación latinoamericana en español, con un índice temático y buscador. Contiene páginas verdes (ecología), páginas blancas (direcciones de correo electrónico) y páginas amarillas. Para Argentina, Latinoamérica y España.

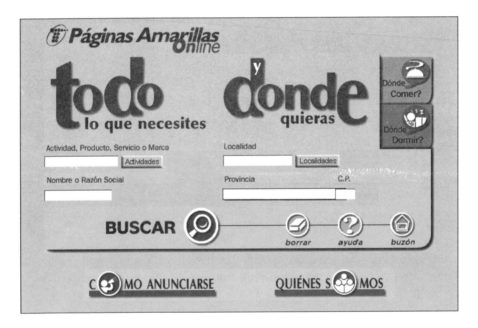

Amarillas.com - España
http://www.amarillas.com/amarilla/paises/espana/espana.htm
Permite consultas a partir de un índice temático: comercios, deportes, medios de comunicación, finanzas, gobierno, Internet, ciencia y técnica, sociedad, política, educación, entretenimientos, turismo, bolsa de trabajo, etc.

Artque
http://www.artque.com/
Buscador de arte español en Internet. En la base de datos se puede localizar toda la información que se necesita sobre toda España, o seleccionar la comunidad autónoma para hacer la búsqueda. Cuenta además con veinte subsectores relativos a los siguientes aspectos: artistas, museos y fundaciones, anticuarios, asociaciones culturales, edición gráfica y

revistas de arte, librerías de arte, restauradores, montadores de exposiciones, tiendas de marcos, seguros, críticos y especialistas, galerías de arte, salas de subasta, ferias de arte y antigüedades, despachos profesionales de arte, estudios (universidades y escuelas), fotógrafos de arte, transporte de obras de arte, guías, fundaciones.

Base de Datos TESEO
http://www.mec.es/teseo/
La *Base de Datos TESEO* contiene información sobre tesis doctorales leídas en las universidades españolas desde 1976.

Buscador de empresas españolas
http://empresas.seric.es
La mayor base de datos de empresas disponible en Internet. Permite realizar búsquedas por nombre y ciudad.

Páginas Amarillas de Telefónica del Perú
http://paginasamarillas.telefonica.com.pe/
Guía clasificada comercial, industrial y profesional.

Páginas Amarillas Multimedia
http://www.paginas-amarillas.es/
Índice temático y buscador de Telefónica Publicidad e Información. *Páginas Amarillas Multimedia* es un servidor de información permanentemente actualizado y con opción de consulta en los sectores de páginas amarillas, restaurantes y alojamientos.

Páginas Doradas
http://www.paginas-doradas.com.ar/netscape/default.htm
Páginas de Telefónica de Argentina, con una guía clasificada comercial e industrial, una guía telefónica y guías del mundo. Presentan igualmente una guía de *e-mails* y *URLs*.

Publiguías
http://www.amarillas.cl/
Páginas Amarillas de Chile. Permiten una búsqueda rápida y avanzada, con guías de uso frecuente y teléfonos de interés.

WhoWhere
http://www.spanish.whowhere.com/
Buscador de direcciones de correo electrónico, con búsqueda de personas y empresas en la base de datos; se pueden encontrar teléfonos, direcciones, correos electrónicos, etc. Disponible en castellano.

Yelloweb Europe
http://www.yweb.com/home-es.html
Iniciativa europea con una base de datos por categorías en varios idiomas, incluido el castellano. *Yelloweb Europe* proporciona tres métodos de búsqueda: una búsqueda rápida con palabras clave que dan acceso al servidor *web* mediante el título de cada servicio, o la lista propia de categorías de *Yelloweb Europe,* así como la *URL* de cada servicio (dirección de la *web*); una búsqueda temática utilizando los niveles de arborescencia de la lista de categorías de *Yelloweb Europe;* y una búsqueda avanzada, que permite la misma selección que la búsqueda rápida, con selecciones adicionales del país escogido.

1.3.7. Directorios de buscadores

Presentamos aquí servidores que recogen los buscadores que existen en el mundo, que analizan su contenido y que los clasifican por temas o por criterios geográficos.

Buscadores de información en español

http://www.rediris.es/doc/buscadores.es.html

Relación de buscadores españoles y latinoamericanos, nacionales y regionales. Desde el sitio de *RedIRIS*.

Buscadores Latinos

http://www.virtualizar.com/buscar/latino.html

Buscadores latinos ordenados por países. Chile: *El faro, Hyspánica, Brújula*. Argentina: *CarayGaray, Brújula, Gauchonet*. México: *Búscalo rápido, México Web Guide, Sbel, Mexmaster, Mex Search, Indica, Tarántula, Explora México, Encuentra*. Venezuela: *Auyantepi, Chevere, Yuada*, etc. Desde la página *Virtualizar*.

Buscopio de Proel

http://www.buscopio.com/scripts/proel/buscopio/bscprt.asp

Más de dos mil trescientos buscadores organizados por temas. Buscadores genéricos: España, internacionales, multibuscadores, regionales, selecciones. Buscadores temáticos: ciencias, deportes, economía y negocios, educación, humanidades, informática, Internet, noticias-comunicación, ocio-aficiones, salud, sociedad, transporte, turismo-viajes. Por Ricardo Fornas Carrasco.

Búsquedas generales

http://www.arrakis.es/~ferreira/busqueda.htm

Introducción. Los buscadores: ¿qué son, para qué sirven y qué diferencias hay entre ellos? Buscadores españoles por comunidades autónomas; buscadores iberoamericanos; buscadores internacionales; metabuscadores; índices de buscadores; otros recursos y buscadores. Desde la página de *Recursos On-Line en Información y Documentación,* por Miguel Ángel Díez Ferreira.

Directorios

http://www.dat.etsit.upm.es/~mmonjas/directorios.html

Directorios, índices y motores de búsqueda en español ordenados por países. Desde la *Página de la Lengua Española.*

La página de buscadores en español

http://www.geocities.com/SoHo/Lofts/4622/enlatinos.htm

Buscadores en español por países: Argentina, Belize, Bolivia, Brasil, Colombia, Costa Rica, Cuba, Chile, Ecuador, El Salvador, España, Estados Unidos, Guatemala, Honduras, México, Nicaragua, Panamá, Paraguay, Perú, Puerto Rico, República Dominicana, Uruguay, Venezuela, etc.

Laberinto

http://www.areas.net/laberinto.htm

Buscadores de España, Latinoamérica y del resto del mundo por orden geográfico y alfabético, con los últimos buscadores incluidos. También ofrece enlaces a buscadores temáticos.

Motores de búsqueda en español

http://www.aered.com/miscelanea/buscador.htm

Principales buscadores en español.

Netscape Buscar en español

http://home.netscape.com/es/escapes/search/

Índice de buscadores en español.

2. Lengua y cultura hispanoamericanas

2.1. Lengua

2.1.1. La lengua española

Cuestiones sobre la lengua

Artículos sobre el idioma

http://ourworld.compuserve.com/homepages/xose_castro

Ponencias y artículos propios y ajenos: el español técnico neutro, situación del español en los Estados Unidos de América, cómo evitar el sexismo en el lenguaje, el sexismo en el lenguaje administrativo. Desde la página personal de Xosé Castro.

García Márquez y su propuesta de "simplificar la ortografía"
http://www.el-castellano.com/gm.html
Ecos de la polémica desatada recientemente por Gabriel García Márquez sobre el "fin" de la ortografía. Se ofrecen varios artículos sobre este tema de diferentes autores. Desde *La Página del Idioma Español*.

La reforma de la ortografía del castellano
http://www.dat.etsit.upm.es/~mmonjas/reforma.html
Presente y perspectivas de futuro de la ortografía castellana: descripción del estado actual, propuestas de reforma, discusión: conveniencia, ventajas e inconvenientes. Por David Galadí-Enríquez (Universitat de Barcelona), desde *La Página del Idioma Español*.

La verbalización de la gestualidad en el aprendizaje de E/LE
http://www.ucm.es/OTROS/especulo/numero5/mforment.htm
Artículo de María del Mar Forment Fernández, Departamento de Filología Española de la Universidad de Barcelona.

Metadiscusiones
http://www.dat.etsit.upm.es/~mmonjas/meta.html
Discusiones y reflexiones sobre el presente y futuro de la lengua española. Desde la *Página de la Lengua Española*.

Página de la Lengua Castellana
http://www.geocities.com/Athens/2982
XIII Congreso de la Asociación Internacional de Hispanistas. Índice: Gabriel García Márquez, el debate sobre la ortografía y otros temas; el escritor, la política y los problemas sociales; novedades en el *Diccionario de la Lengua;* Guillermo Cabrera Infante, Premio Cervantes 1997; San Millán, Patrimonio de la Humanidad; Antonio Machado; Jorge Luis Borges; Javier Marías y Antonio Muñoz Molina; VI Simposio Internacional de Comunicación Social; enlaces varios.

Página personal de José Antonio Millán
http://ourworld.compuserve.com/homepages/jamillan/josemill.htm
Artículos sobre Internet: glosario de términos de Internet, lengua, edición electrónica, hallazgos callejeros, literatura, miscelánea, páginas de proyectos, etc.

Primer Congreso Internacional de la Lengua Española
http://cvc.cervantes.es/actcult/congreso/
Este Congreso se celebró en Zacatecas en abril de 1997 y reunió a más de trescientos periodistas, lingüistas, escritores, empresarios de la comunicación, editores, cineastas, etc., para discutir sobre "la lengua y los medios de comunicación". Incluye ponencias de Cela, García Márquez, Octavio Paz, con las voces de estos destacados participantes, y ponencias sobre el libro, la prensa, la radio, la televisión, el cine, las nuevas tecnologías. Desde el *Centro Virtual Cervantes*.

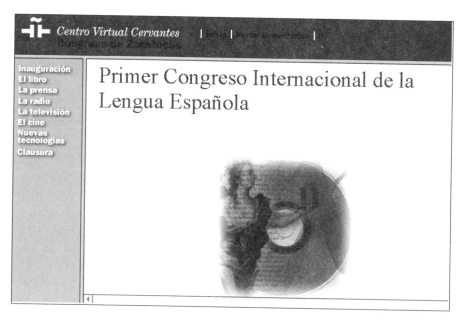

Real Academia Española
http://www.rae.es/nivel 1/ACAHISTO.HTM
Su propósito es el de "fijar las voces y vocablos de la lengua castellana en su mayor propiedad, elegancia y pureza". Ha publicado veintiuna ediciones del *Diccionario Usual* (1780-1992), la última en varios formatos: tradicional, económico y *CD-ROM*. Asímismo ha dado a la luz cuatro ediciones del *Diccionario manual e ilustrado de la lengua española,* y dos tomos del *Diccionario histórico de la lengua española,* así como, desde 1771, varias ediciones de la *Gramática,* y múltiples publicaciones de obras clásicas, muchas de ellas de singular valor.

Temas y debates
http://www.el-castellano.com/debates.html
Temas y debates de actualidad sobre la lengua española: "Propuesta para acabar con el sexismo en el lenguaje": texto elaborado por el Ministerio de Asuntos Sociales de España; "El español mediático": artículo de Fernando Lázaro Carreter, contra la "degeneración" del idioma; "La pureza del lenguaje ante el embate tecnológico": conferencia de Alberto

Gómez Font, de la agencia española de noticias EFE, sobre el impacto de los adelantos técnicos sobre el español; etc. Desde *La Página del Idioma Español*.

Tribuna del idioma desde Costa Rica
http://www.nacion.co.cr/tribuna/tribuna.html
Columna sobre el idioma español cuyo propósito es ayudar en la práctica de la lengua. Desde el diario *La Nación Digital* de Costa Rica.

Defensa del idioma español

El español en el mundo
http://cvc.cervantes.es/obref/anuario/
Informe sobre el anuario publicado por el Instituto Cervantes, *El español en el mundo*, acerca de distintos aspectos relacionados con la realidad actual de la lengua española. Desde el *Centro Virtual Cervantes*.

FADICE
http://www.ctv.es/USERS/fadice/home.htm
FADICE (Federación de Asociaciones por el Derecho al Idioma Común Español) tiene como objeto fundamental la defensa de los derechos lingüísticos de los hispanohablantes en aquellas regiones españolas donde además del español se hablan también otras lenguas. Ofrece una lista de las asociaciones federadas por orden de comunidades autónomas.

Iniciativas en defensa del idioma español
http://www.el-castellano.com/iniciati.html
La Página del Idioma Español destina esta página a la divulgación del trabajo de aquellos que bregan por abrir para nuestra lengua nuevos espacios en Internet, un difícil desafío para la comunidad de cuatrocientos millones de hispanohablantes.

Internet, una red para el español
http://ourworld.compuserve.com/homepages/jamillan/internet.htm
Ponencia presentada en el Primer Congreso Internacional de la Lengua Española por José Antonio Millán.

Realidades y perspectivas del libro de español como lengua extranjera
http://cvc.cervantes.es/actcult/congreso/libro/comunicaciones/curriculos/toro-2.htm
Intervenciones en el Primer Congreso Internacional de la Lengua Española; artículo de Federica Toro García: datos que permiten cuantificar la industria del español como lengua extranjera y punto de vista polémico de una editora que desea que se fabriquen los libros acordemente con esta realidad. Desde el *Centro Virtual Cervantes*.

2.1.2. Gramática y ortografía españolas

Recursos generales

Consultas lingüísticas (Real Academia Española)
http://www.rae.es/nivel 1/ACALEXI.HTM
Este servicio tiene como objetivo fundamental resolver dudas de carácter lingüístico (ortográfico, léxico y gramatical) relacionadas con el uso correcto de la lengua española, así

como recoger sugerencias encaminadas a mejorar las obras de la Academia, en especial sus diccionarios.

Gramática, ortografía, fonología, lingüística…
http://www.dat.etsit.upm.es/~mmonjas/gram.html
Desde *La Página de la Lengua Española,* por Miguel Ángel Monjas Llorente.

Gramática y ortografía española
http://ezinfo.ucs.indiana.edu/~jsoto/lengua.html
Presenta reglas, ejercicios, herramientas. Desde la Indiana University, Bloomington, por Juan Manuel Soto Arriví.

Las normas del español actual
http://www.el-castellano.com/gramatic.html
Desde *La Página del Idioma Español,* por Ricardo Soca.

Puntos gramaticales

Cómo acentuar en español
http://www.dat.etsit.upm.es/~mmonjas/acentos.html
Reglas de acentuación del español: definiciones, clasificaciones de las palabras según su acento, reglas básicas, tilde diacrítica, diptongos, triptongos e hiatos.

Curso Práctico, Gramática de español lengua extranjera
http://www.edelsa.es/catalogo/02-02.asp
Un completo curso de gramática del español, con tres niveles de ejercicios y una clave de resolución de los mismos.

División silábica y acentuación
http://php.indiana.edu/~jsoto/acentos.html
Reglas de la división en sílabas y la acentuación.

El Español y la Tecnología
http://inferno.asap.um.maine.edu/faculty/march/spatec/spatec.html
Lecciones de gramática: los falsos amigos, el imperfecto, el léxico de la informática, los mandatos, los modismos, "por" y "para", los pronombres, "ser" y "estar".

Gramática Comunicativa del español
http://www.edelsa.es/catalogo/02-03.asp
Una obra de referencia y estudio que propone soluciones a las dudas lingüísticas que surgen en situaciones de comunicación.

Gramática española
http://usuarios.bitmailer.com/fcallejo/
Usos de varias palabras y categorías gramaticales: usos del pronombre "se", de la palabra "que", de las formas verbales personales y no personales, de los tipos de subordinación circunstancial. Página de Francisco Callejo.

Infinitivos nominales y verbales en español
http://www.ucm.es/OTROS/especulo/numero5/a_anula.htm
Estudios teóricos sobre la lengua, por Alberto Anula Rebollo, de la Universidad Complutense de Madrid, y Marina Fernández Lagunilla, de la Universidad Autónoma de Madrid.

La Gramática del Español
http://csgwww.uwaterloo.ca/~dmg/espanol/gramatica.html
Actualmente sólo contiene la ortografía; las páginas aquí incluidas son copia textual de la gramática *Las Nuevas Reglas de Prosodia y Ortografía.*

Lengua y literatura españolas
http://www.abaforum.es/jascorbe/inicio1.htm
Esta página pretende ser un espacio de consulta de los diferentes aspectos del castellano: conocer la lengua en sus aspectos generales y específicos, la literatura, los textos (especialmente en el nivel de educación secundaria), intercambiar experiencias de trabajo y materiales, invitar a profesores y a alumnos a formar un grupo de trabajo, relacionar distintos centros de enseñanza con página en la Red.

Palabras con problemas de género
http://php.indiana.edu/~jsoto/genero.html
Palabras de origen no latino de género masculino, palabras que terminan en "-ción", palabras de género femenino que comienzan con el sonido "a".

Reglas de acentuación
http://www.el-castellano.com/acentos.html
Desde *La Página del Idioma Español:* generalidades, reglas básicas.

Subjuntivo: "creer" y "dudar"
http://php.indiana.edu/~jsoto/subjuntivo.html
Ejercicios variados sobre el empleo del subjuntivo con estos dos verbos.

Subjuntivo: frases y conjunciones
http://php.indiana.edu/~jsoto/subfrases.html
Frases y conjunciones que siempre, o a veces, van seguidas de subjuntivo.

Subjuntivo presente
http://php.indiana.edu/~jsoto/expsub.html
Subjuntivo con verbos de influencia, subjuntivo para expresar sentimientos y emociones, subjuntivo con expresiones de necesidad y de emoción, subjuntivo para expresar dudas.

Uso de la "b" y de la "v"
http://www.el-castellano.com/byv.html
Desde *La Página del Idioma Español:* extraído de la *Gramática Española* de J. Alonso del Río.

Uso de las mayúsculas
http://www.el-castellano.com/mayusc.html
Desde *La Página del Idioma Español.*

Uso de "que"
http://www.el-castellano.com/que.html
Desde *La Página del Idioma Español:* usos de "que", uso incorrecto de "de que".

Uso del pronombre
http://www.el-castellano.com/pronombr.html
Desde *La Página del Idioma Español:* usos del pronombre personal "se".

Ejercicios de gramática española

Al habla
http://cvc.cervantes.es/alhabla/
Nuevo espacio para poner a prueba los conocimientos sobre la lengua española, a partir del programa televisivo *Al habla,* que pretende ser ameno y entretenido. En el programa se ha adaptado el conocido *Juego del diccionario.* En él, dos equipos deben adivinar cuál es la definición correcta entre tres posibilidades. A este juego se le han incorporado dos secciones: *El museo de los horrores* y *La picota,* en donde se comentan expresiones o palabras que se utilizan de manera incorrecta, y se evidencian algunos de los errores que cometen nuestros personajes famosos. Desde la página del *Centro Virtual Cervantes.*

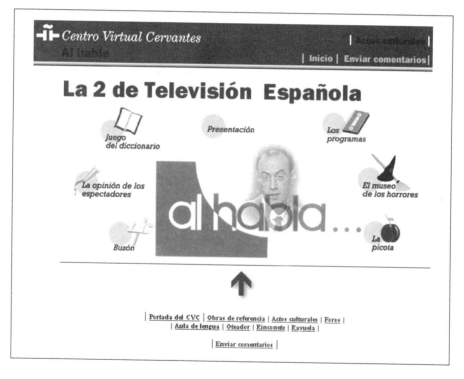

Aula de lengua
http://cvc.cervantes.es/aula/
Ofrece materiales didácticos (algunos ejemplos interactivos para la presentación y práctica de aspectos de la lengua española) y vocabulario (los alimentos, la familia, los colores). Desde el *Centro Virtual Cervantes.*

Canciones en español y ejercicios gramaticales
http://www.nacnet.org/assunta/cancion.htm
Ejercicios para practicar verbos y ejercicios para la pronunciación y el vocabulario de A. M. Marshall.

Dual-Pretextos para hablar
http://www.edelsa.es/catalogo/05-01.asp
Cien actividades de comunicación oral por parejas, inspiradas en la vida cotidiana española e hispanoamericana.

Ejercicios de gramática
http://php.indiana.edu/~jsoto/ejercicios.html
Página de Manuel Soto Arriví con ejercicios sobre los siguientes aspectos: condicional o potencial, futuro, pretérito e imperfecto de indicativo, presente e imperfecto de subjuntivo, tiempos compuestos, voz pasiva, acentuación y adjetivos posesivos, conjunciones y preposiciones, pronombres, partícula "se".

Ejercicios de lengua castellana
http://roble.pntic.mec.es/~msanto1/ortografia/
Esta página presenta las reglas fundamentales de la ortografía española, con algunos ejercicios. Las páginas de dictados disponen de archivos de sonido. Otros contenidos complementarios son los siguientes: abreviaturas, siglas y acrónimos, onomatopeyas, vicios del lenguaje, barbarismos, gentilicios, signos de puntuación.

Ejercicios de lengua española
http://leia.ursinus.edu/~jarana/ejercicios.html
Ejercicios de autoaprendizaje sobre el presente de indicativo (verbos regulares e irregulares) y la utilización del presente de subjuntivo en frases subordinadas; utilización del futuro, pretérito y frases condicionales; ejercicios sobre los adjetivos y las conjunciones, los pronombres relativos, la utilización de "gustar" y de "ser" y "estar"; ejercicios de vocabulario. Los enunciados están en inglés. Desde el Ursinus College, por Juan Ramón de Arana.

Rayuela. Pasatiempos del aula de lengua
http://cvc.cervantes.es/aula/pasatiempos/
Juegos y pasatiempos para aprender y practicar la lengua en diferentes niveles: nivel inicial, intermedio, avanzado, superior. Se puede encontrar adivinanzas, crucigramas, juegos de lógica, rompecabezas, opción múltiple, salto de caballo, sopas de letras, relacionar, el ahorcado, cajón de sastre. Desde la página del *Centro Virtual Cervantes*.

Un nuevo lenguaje técnico: el español en las redes mundiales de comunicación
http://www.webcom.com/rsoca/alberto.html
Un nuevo lenguaje técnico: el español en Internet. Desde *La Página del Idioma Español*.

Uso de la gramática española
http://www.edelsa.es/catalogo/02-04.asp
Una serie de libros de ejercicios de gramática (niveles elemental, intermedio y avanzado) que permite reforzar y ampliar los conocimientos lingüísticos del alumno de español.

2.1.3. Cursos y métodos

¿A que no sabes...?
http://www.edelsa.es/catalogo/catalogo.asp
Curso de perfeccionamiento de español para extranjeros.

Aula Virtual de Español (AVE)

http://cvc.cervantes.es/aula/cursos/

El *Centro Virtual Cervantes* ofrece sus cursos de español a distancia: se puede participar en los cursos a través de Internet, con una metodología innovadora y en un entorno virtual creado especialmente, como es el *Aula Virtual de Español (AVE)*. Se estudia con la máxima autonomía, de acuerdo con el nivel del aprendiente, sus necesidades personales, su disponibilidad de tiempo, y mediante una serie de cursos que abarca los distintos niveles de aprendizaje de la lengua. Desde el primer momento, el aprendiente cuenta con un profesor tutor a su disposición para ayudarlo. Este lo asesora a lo largo del curso, le facilita la comunicación con otros alumnos, le aclara dudas, le ayuda a evaluar sus progresos y le propone actividades complementarias.

Correspondencia Española

http://rom.gu.se/~romdm/11.IndiceComp.html

Esta página está dedicada a la comunicación comercial: modelos de documentos, correspondencia de los negocios, documentos administrativos, comunicación comercial, ejemplos de cartas comerciales, ejemplos de cartas privadas, ejercicios prácticos, ejercicios de traducción, ejercicios de redacción, términos españoles, etc.

Cursos de español a través de Internet

http://www.dat.etsit.upm.es/~mmonjas/cursos.html

Lista de enlaces relacionados con el tema del aprendizaje del español en Internet. Desde la *Página de la Lengua Española*.

Cursos digitales

http://www.el-castellano.com/cursos.html

Diversos cursos digitales de español en Infovía. Desde *La Página del Idioma Español*.

Español Interactivo

http://www.upv.es/camille

Español en marcha. Del grupo *Camille-España,* desde la Universidad Politécnica de Valencia.

Lengua de especialidad

http://www.edelsa.es/catalogo/catalogo.asp

Aquí podrá encontrar métodos de español diseñados para aprender a desenvolverse en el mundo de la empresa y de los negocios, a través de técnicas específicas.

Los Trotamundos

http://www.edelsa.es/catalogo/catalogo.asp

Un innovador método de español para niños y niñas en dos niveles, que combina las actividades lúdicas con la adquisición de una competencia comunicativa adecuada a la edad.

Para empezar

http://www.edelsa.es/catalogo/catalogo.asp

Curso comunicativo de español para extranjeros en cuatro niveles.

Planeta

http://www.edelsa.es/catalogo/catalogo.asp

Los últimos planteamientos del enfoque comunicativo para el aprendizaje del español, plasmados en un método en cuatro niveles moderno y atractivo, que favorece una adquisición de la lengua rápida, segura y libre de estrés. Para adolescentes y adultos.

Primer plano

http://www.edelsa.es/catalogo/06-08.asp

Curso de español con soporte vídeo, que va de un nivel inicial a otro intermedio-avanzado, basado en situaciones comunicativas de la vida cotidiana y profesional. Con protagonistas españoles e hispanoamericanos.

Puesta a punto

http://www.edelsa.es/catalogo/catalogo.asp

Original curso de español de nivel intermedio-avanzado que busca afianzar los conocimientos adquiridos después de dos años de español, a través del trabajo sobre las técnicas de la argumentación.

Punto final

http://www.edelsa.es/catalogo/catalogo.asp

Manual dirigido a alumnos de español de nivel superior, con un planteamiento innovador que combina el aprendizaje riguroso con actividades interesantes y motivadoras.

Ven

http://www.edelsa.es/catalogo/catalogo.asp

Método completo para un primer, segundo y tercer año de español como lengua extranjera.

2.1.4. Herramientas didácticas

Abreviaturas

http://rom.gu.se/~romdm/20.Abreviaturas.html

Contiene algunas de las abreviaturas más frecuentes.

Base de datos del verbo español e hispanoamericano

http://usuarios.intercom.es/intervista/verbos/index.htm

Extracto de la base de datos en que se fundamenta el *Diccionario del Verbo Español, Hispanoamericano, Dialectal y Jergal,* que contiene más de trescientos tres mil registros. Por Jaime Suances Torres.

Comp-jugador

http://csgwww.uwaterloo.ca/~dmg/lando/verbos/con-jugador.html

Conjugación directa de unos diez mil verbos.

Conjugar es fácil en español de España y de América

http://www.edelsa.es/catalogo/02-01.asp

Resumen de gramática del verbo español e hispanoamericano, tablas de conjugación, lista general de verbos, régimen preposicional, frases hechas y expresiones figuradas.

LinguaWeb

http://www.geocities.com/Athens/Delphi/3925

Página dedicada a resolver consultas sobre el origen de las palabras.

Los 100 modelos de la conjugación de verbos en español

http://usuarios.intercom.es/intervista/verbos/00conjug.htm

Verbos semirregulares, verbos con tilde, verbos defectivos. Conjuga cien verbos modelo.

TeQuita: el corrector ortográfico del español
http://tequita.com/
Ventajas, beneficios, requerimientos, características, lista de los programas con los que funciona.

Trabalenguas
http://www.nacnet.org/assunta/trabalen.htm
Ejercicios para la pronunciación, por A. M. Marshall.

WWW
http://www.ncsa.es/traductor
Traductor en tiempo real para Internet. Se trata de un traductor gratuito de páginas *web* del inglés al español, especialmente atractivo para aquellos que quieren aprovechar toda la información de la Red y que no conocen el inglés.

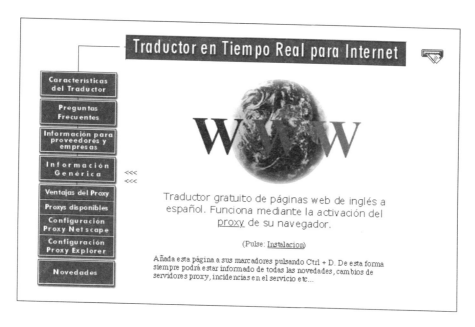

2.1.5. Dichos, refraneros y frases célebres

Citas y frases
http://www.ciudadfutura.com/ciclon/
Citas y proverbios de diferentes pueblos y enlaces relacionados.

Dichos, refranes o proverbios hispanos
http://www.magicnet.net/~emil/marana/refran.html
Dichos, refranes y proverbios.

Refranero Español
http://www.ciudadfutura.com/refranero/
Base de datos con mil quinientos refranes y dichos españoles.

2.1.6. Léxico

Lista de palabras dudosas o poco comunes
http://el-castellano.com/vocab.html
Por Xosé Castro, desde *La Página del Idioma Español*.

Vademécum de Español Urgente - Agencia EFE
http://www.efe.es/lenguaes/lenguaes.asp?nivel:=ppr
Repertorio de comentarios lingüísticos y aclaraciones de dudas sobre el uso de la lengua española, elaborado por el Departamento de Español Urgente de la *Agencia EFE*: neologismos, antropónimos, topónimos, gentilicios, transcripciones, traducciones, barbarismos, abreviaturas y usos erróneos.

2.1.7. Diccionarios

Diccionario Anaya
http://www.anaya.es/dict/Buscar?act=HAnaya.html
Diccionario actualizado donde se puede consultar en tiempo real cualquier duda o ampliar información sobre la lengua española a través de treinta y tres mil voces.

Diccionarios latinoamericanos
http://www.nacnet.org/assunta/lngadd.htm
Una serie de enlaces a diferentes diccionarios latinoamericanos. Presentación en inglés.

Enciclopedia Virtual Icarito
http://www.icarito.cl
Permite hacer consultas sobre temas tan diversos como astronomía, historia, matemáticas, ciencias humanas, etc.

Glosario de Internet
http://www.uco.es/ccc/glosario/glosario.html
Explicación de los términos usados en Internet.

Glosario de términos, abreviaturas y acrónimos
http://www.geocities.com/SiliconValley/1308/glosario.html
Página del Grupo de Usuarios de Internet y *Manual del usuario de Internet.*

Glosario de términos de Internet
http://www.alcala.es/internet/glosario/glosario.htm
Este glosario describe algunos de los términos más usados y trata de hacer más llevadera la navegación por la Red. Presenta una selección de las palabras por orden alfabético. Desde la Universidad de Alcalá (España).

Interdic
http://ferca.net/interdic/
El objetivo de este diccionario es proveer de información gratuita y dinámica sobre términos directamente relacionados con Internet, sobre todo de carácter técnico. Pero *Interdic* no es sólo un diccionario, también se encuentran artículos de interés para usuarios de Internet y enlaces relacionados.

Real Academia Española
http://www.rae.es/nivel 1/ACDICCIO.HTM
En la actualidad, los trabajos desarrollados por la institución se orientan en diversas direcciones: el *Diccionario Usual (DRAE)*, el *Diccionario Histórico de la Lengua Española (DHLE)*, el *Diccionario Escolar,* la *Gramática,* la *Ortografía* y el *Diccionario Ortográfico.*

Vox
http://www.vox.es/
Diccionario general de la lengua española. Permite buscar la definición de una palabra y la traducción de la palabra del español al inglés o viceversa.

2.2. Cultura y sociedad

2.2.1. Cine

España

Arte y Cartelera
http://www.arteycartelera.com/
Índice nacional de hoteles, restaurantes, salas de exposiciones, galerías de arte, cines, teatros, y un largo etcétera. Incluye un mapa sensible de provincias.

Carteles de Cine
http://www.geocities.com/Heartland/Flats/4343
Carteles de Cine ordenados alfabéticamente y acompañados de su fotografía. Disponen de ficha técnica: año, dirección, nacionalidad, metraje e intérpretes. Se puede oír la banda sonora de la película en formato *Midi*.

Cine: afición en feeling!
http://www.feelingst.es/foros/cine
La actualidad cinematográfica con fotografías, cartelera, etc.

Cine español
http://www.geocities.com/Hollywood/Hills/3568/
Premios, novedades, encuestas sobre la mejor película española, concursos sobre diferentes galardones, etc.

Cine Fan Club
http://www.ciudadfutura.com/cine/funclub/
Para saber todo lo que se quiere saber sobre los ídolos favoritos, estrellas de cine y directores de cine.

CINE - Ministerio de Educación y Cultura (España)
http://www.mcu.es/cine/index.html
Base de datos del cine español: filmoteca española, cartelera, festivales, películas españolas y extranjeras estrenadas en España.

Cineguía
http://www.servicom.es/cineguia
Más de ocho mil referencias actualizadas permanentemente. *Cineguía* es un anuario completo del sector audiovisual y del espectáculo.

CineNet
http://www.cdmedia.es/cinenet.htm
Proyectos, premios, rodajes, festivales y noticias, estrenos, reportajes, vídeos sobre el cine español y extranjero.

Cines
http://www.todoesp.es/cgi-bin/nph-cine?mad
Página *web* para buscar salas de cine, películas por localidades, por tipo o género, etc.

Cinesol
http://www.ciudadfutura.com/cinesol/index.html
Revista de cine con cartelera por ciudades, cines, películas y estrenos.

Cinevídeo 20
http://www.cinevideo20.es/
Página *web* que ofrece la guía *Punto de encuentro,* la base de datos *on-line* de acceso interactivo más completa sobre el sector audiovisual en España. Aquí se encuentran referencias de empresas e instituciones vinculadas a lo audiovisual, con indicación de las actividades específicas que desarrollan, así como de los productos y marcas que representan.

De estreno
http://www.irisweb.com/deestreno
Revista de novedades culturales.

El Cine
http://www.elcine.com/
Servidor dedicado enteramente al cine comercial, donde se puede encontrar cualquier tema: directores, actrices y actores, técnicos, premios, información general, imágenes, enlaces, etc.

Festival de Cine Español de Málaga
http://www.ciudadfutura.com/cinesol/festivalmalaga/festmalaga.html
Primer festival de Málaga dedicado al cine.

Festival de Cine Iberoamericano de Huelva
http://www.columbus-digital.com/festicine-huelva/.
Presentación del Festival de Cine de Huelva.

Guía del vídeo-cine
http://www3.anaya.es/diccionario/diccionar.htm
Manual de consulta, versión *on-line* de una verdadera base de datos sobre el cine. El número de películas que incluye es muy importante y la información que las acompaña muy completa.

InfoCINE

http://www.infocine.com/

Cine español: películas en cartelera, carteleras en Internet, próximos estrenos, enlaces a cine, festivales, estrenos y rodajes, actualidad y críticas.

Intercine

http://www.intercine.com/

La cartelera de los cines en España: listado de cines, listado de películas, estrenos.

Música y cine

http://www.uco.es/otroswww/MUSICA-CINE.html

Enlaces a numerosas páginas *web* sobre la música y el cine.

Semana Internacional de Cine de Valladolid

http://www.seminci.com/

Presenta la Semana Internacional de Cine de Valladolid, que es uno de los festivales más antiguos y consolidados de cuantos se celebran en Europa.

Hispanoamérica

Centenario del Cine en Bolivia

http://www.bolivian.com/cine/

Cronología del cine en Bolivia: todas las películas bolivianas debidamente clasificadas.

Cine latinoamericano

http://lanic.utexas.edu/la/region/cinema/

Enlaces a numerosos sitios sobre el cine de los diferentes países hispanoamericanos.

Cinemás

http://rehue.csociales.uchile.cl/rehuehome/facultad/publicaciones/Sitios/cinemas/indigral.htm

Historia del cine en Chile: entrevistas, festivales, fichas técnicas, publicaciones, páginas amarillas, derechos de autor, etc.

El Amante

http://elamante.com.ar/

Revista argentina de cine: noticias, entrevistas y críticas de películas.

El Sur del Sur WEB SITE

http://www.surdelsur.com/cine/cinein/index.html

Historia del cine argentino.

S.I.C.A.

http://home.overnet.com.ar/sica/

Sitio oficial del *Sindicato de la Industria Cinematográfica Argentina,* que agrupa a todos los técnicos y profesionales de cine y vídeo de la República de Argentina.

Venezuela 7º Arte

http://www.cyberven.com/cine/

Breve recuento histórico de cien años de cine venezolano.

2.2.2. Arte, museos y fundaciones

Recursos generales

Artea
http://artea.com.ar/
Revista argentina de arte que presenta una galería de artistas de la fotografía, la pintura, el grabado, la escultura, etc.

Artenet
http://www.artenet-cb.es/
Arte y cultura en Internet.

Pintura española contemporánea
http://www.teleline.es/personal/asg00003/home.htm
Página con artículos y reflexiones sobre la pintura española del siglo XX.

S.C.P. Agora 3
http://www.agora.es/
Servidor *web* de artistas: Royo, Teresa Llácer, Teresa Acinas, Marga Llin, Ramón Vilanova, M. Lacomba.

Un Mundo de Figuras Imposibles
http://www.combios.es/figuras/
Viaje a través de un mundo de fantasía y realidad.

España

Museos

Centre Picasso d'Horta
http://www.matarranya.com/picasso/
El *Centre Picasso d'Horta* quiere ser un homenaje permanente a Picasso y pretende recoger la reproducción, lo más fiel posible, de todas las obras que el artista creó en Horta o pensando en Horta y con las cuales inmortalizó este pueblo.

Goya
http://www.imageone.com/goya/index1.html
Biografía y obra del pintor.

Los museos de Madrid
http://www.munimadrid.es/ayuntamiento/htmlay/museos.html
Los principales museos de la capital de España: Museo del Prado, Museo Thyssen-Bornemisza, Centro de Arte Reina Sofía, Museo Municipal, Museo Sorolla, Museo de la Ciudad y Museo de Ciencias Naturales.

Museo Arqueológico Nacional (Madrid)
http://www.man.es/
Guía y catálogo del museo: información general, departamentos, historia, selección de piezas, consultas a base de datos, servicios, actividades periódicas, proyectos informáticos, museos en la Red.

Museo Casa de la Moneda de Madrid
http://www.fnmt.es/esp/museo/main2.htm
Cuenta con importantes colecciones de monedas, medallas, modelos, troqueles, maquinaria y útiles para la acuñación, billetes de banco, sellos de correo, planchas para la estampación de billetes y sellos, lotería y papel sellado. Incluye visita virtual sobre el tema de la moneda.

Museo de Arte Abstracto Español (Cuenca)
http://www.cuenca.org/mabstra.htm
Guía del museo: el lugar, las obras, las actividades. Un total de ciento diez pinturas y esculturas de autores españoles contemporáneos se exhibe de forma permanente en el *Museo de Arte Abstracto Español de Cuenca.*

Museo de Arte Contemporáneo de Barcelona
http://www.macba.es/macbaesp.htm
Información sobre el museo, exposiciones, publicaciones, servicios, etc.

Museo de Bellas Artes de Bilbao
http://www.museobilbao.com/
Pinturas de los siglos XVI y XVII (Morales, El Greco, Antonio Moro, Murillo, Zurbarán y Ribera). Guía y catálogo del museo.

Museo de Cera de Madrid
http://www.museoceramadrid.com/
Visita virtual por las salas.

Museo de la Naranja

http://www.ctv.es/USERS/museonaranja/

Único museo de estas características en Europa, dedicado a conservar y dar a conocer la historia de la economía citrícola valenciana y española. Tiene su sede en Burriana (Castellón de la Plana), una ciudad rodeada de naranjos que, desde principios del siglo XX, ha estado a la vanguardia del cultivo y la comercialización de la naranja.

Museo del Calzado de Elda (Alicante)

http://www.sho.es/museo/

Información práctica y catálogo del museo. El museo está organizado en cuatro grandes secciones con varias colecciones: documentos (biblioteca, arte, carteles, títulos, fotografías), herramientas y útiles, zapatos y maquetas y maquinaria.

Museo del Ferrocarril

http://www.ffe.es/delicias/index.html

Guía del museo. El *Museo del Ferrocarril* de Madrid exhibe dos grandes colecciones de material; la primera de ellas, catalogada como una de las más importantes de la Unión Europea, se presenta en la Sala de Tracción sobre cuatro vías y está constituída por treinta y una grandes piezas ferroviarias de alto valor histórico.

Museo del Prado

http://museoprado.mcu.es/

Historia, información general, visitas, actividades, catálogo de productos, amigos del museo, noticias.

Museo Hispano de Ciencia y Tecnología

http://mhct.dit.upm.es/mhct.html

Museo virtual que presenta imágenes de instrumentos, aparatos y maquinaria de carácter museológico y científico. Es una creación para Internet del Museo Nacional de Ciencia y Tecnología y del Departamento de Ingeniería de Sistemas Telemáticos de la Universidad Politécnica de Madrid.

Museo Nacional Arqueológico de Tarragona
http://www.mnat.es/
Guía y catálogo del museo: noticias, publicaciones, enlaces.

Museo Nacional de Arte Centro "Reina Sofía"
http://museoreinasofia.mcu.es/
Guía virtual de las salas de la colección permanente, información de exposiciones temporales y actividades. Índice del sitio: la colección, exposiciones, actividades, historia, servicios, biblioteca, enlaces.

Museo Picasso Virtual
http://www.tamu.edu/mocl/picasso/
Museo virtual dedicado al artista español por la Universidad de Texas. Índice del sitio: gira, salas, vida, familia, lugares, álbum, obras, estudios, libros, cine, museos, muestras, noticias, pintores, búsquedas, sitios, etc.

Museo Thyssen-Bornemisza
http://www.offcampus.es/museo.thyssen-bornemisza/
Información general y visita guiada.

Museo y Monasterio de San Lorenzo de El Escorial
http://www.banesto.es/banesto/escorial/e9700050.htm
Presentación de las principales secciones del Monasterio: biblioteca, palacio de Felipe II, basílica, sala de batallas, panteones reales, salas capitulares y museos.

Museos de Tenerife
http://www.cabtfe.es/puntoinfo/texto/e/0605MUSE/50bis.html
Guía de museos y salas de arte: Museo de la Naturaleza y el Hombre, Museo Arqueológico de Tenerife, Museo de Ciencias Naturales canario de Paleopatología y Bioantropología, Museo de Antropología, Museo de Historia y Archivo Insular, Museo de la Ciencia y el Cosmos, Centro de Fotografía Isla de Tenerife.

Palacios y Museos de España

http://www.palaciosymuseos.com/

Tienda virtual y catálogo de productos inspirados en el arte y cultura de los museos, palacios, catedrales y monumentos de España: información general, información sobre tiendas, regalos de empresa, venta al por mayor, solicitud de catálogos.

Fundaciones

Colección de Arte de Fundesco

http://www.fundesco.es/scripts/colarte

La colección de arte virtual está formada por cuadros de pintores modernos españoles como Saura, Bonifacio, Gordillo, Guinovart, Arroyo, Úrculo, Canogar, etc.

Fundació Antoni Tàpies

http://www.connect-arte.com/dire/muse/ftapiesa.htm

Fundación creada por el pintor catalán Antoni Tàpies para promover el estudio y la comprensión del arte.

Fundación Centro Nacional del Vidrio

http://www.fcnv.es

Situada en La Granja de San Ildefonso, Segovia. Se ofrece una visita guiada del museo, así como exposiciones en las que se pueden contemplar piezas, lámparas, moldes y numeroso instrumental y maquinaria empleados en la industria vidriera.

Fundación de Las Edades del Hombre

http://www.lasedades.es

Las Edades del Hombre nació hace nueve años con la intención de mostrar el patrimonio de las diócesis de la región de Castilla y León, de un modo vivo, bello e integrante de la memoria colectiva de sus gentes. Primero fue la exposición iconográfica de Valladolid, después la bibliográfica de Burgos, a la que siguió la de fondos musicales de León, para terminar con *El contrapunto y su morada,* en Salamanca.

Fundación Juan March

http://www.march.es

Creada en 1955 por el financiero español Juan March Ordinas, la *Fundación Juan March* es una institución cultural de carácter privado, situada por sus actividades entre las más importantes de Europa. Esta *web* ofrece actividades culturales, arte, biología y ciencias sociales.

Fundación Juan Miró

http://www.bcn.fjmiro.es

Página *web* que proporciona información sobre la vida y la obra del artista catalán y sobre las diferentes actividades y los servicios que ofrece al público.

Hispanoamérica

Museos

Artes e Historia - Museos

http://www.arts-history.mx/museos/muse.html

Listado de museos mexicanos en la Red.

Diego Rivera Web Museum
http://www.diegorivera.com/
Primer museo virtual dedicado a Diego Rivera.

Enlaces a Museos y Galerías de Chile
http://www.uchile.cl/facultades/artes/enlaces_museos/index.htm
Relación de museos y galerías de Chile.

Guía de museos de Chile
http://www.dibam.renib.cl:80/ISC144
Guía de museos dependientes de la Dirección de Bibliotecas, Archivos y Museos de Chile (ordenados geográficamente de norte a sur).

INAH - Museos
http://www.cnart.mx/cnca/inah/musnales.html
Guía de todos los museos que dependen del Instituto Nacional de Antropología e Historia de México: Museo Nacional de Antropología, Museo Nacional de Historia, Museo Nacional de las Culturas, Museo Nacional de las Intervenciones, Museo Nacional del Virreinato.

Museo de Arte Contemporáneo Carrillo Gil
http://www.conet.com.mx/macg
Servidor mexicano del *Museo de Arte Contemporáneo Carrillo Gil.* El museo alberga una importante colección de arte moderno, en la que se encuentran obras de José Clemente Orozco, Diego Rivera y David Alfaro Siqueiros, entre otros, así como un amplio gabinete de Ukiyo-e de los siglos XVIII al XX.

Museo de Arte Contemporáneo de Chile
http://www.uchile.cl/mac/index.html
Colección virtual de arte contemporáneo chileno e iberoamericano. Ofrece también textos electrónicos sobre las artes plásticas de los Anales de la Universidad de Chile.

Museo de Arte Contemporáneo de Oaxaca
http://www.arts-history.mx/museos/maco/maco.html
El *Museo de Arte Contemporáneo de Oaxaca* se inauguró el 28 de febrero de 1992, como un proyecto cultural dedicado a la preservación, promoción y difusión de la plástica oaxaqueña nacional e internacional, proyecto que se ha ampliado para abarcar otras actividades culturales, y que depende fundamentalmente del Instituto Nacional de Bellas Artes, del Gobierno del estado de Oaxaca y de la asociación civil Amigos del Museo. Permite una visita virtual del museo.

Museo de Arte Moderno de Buenos Aires
http://www.mam-ba.org/
Visita y guía de las actividades del museo.

Museo de Arte Moderno de México
http://www.arts-history.mx/museos/mam/home.html
Obras de los artistas más representativos de la plástica mexicana, desde principios de siglo hasta nuestros días, y algunos extranjeros que han desarrollado en México su producción.

Para conocer la escuela mexicana de pintura: David Alfaro Siqueiros, José Clemente Oroz-co, Diego Rivera y Oliverio Martínez, entre otros. La segunda generación de la escuela mexicana está representada por José Chávez Morado, Olga Costa y Jorge González Cama-rena. Ofrece un catálogo y una visita de la exposición.

Museo de la Ciudad de México
http://www.arts-history.mx/mcm.html
Fundado en 1960, el *Museo de la Ciudad de México* tiene la vocación de acercar al visi-tante al pasado y al presente cultural de Ciudad de México, lo cual se logra a través de la colección permanente, exposiciones temporales, publicaciones y programas interactivos. La página ofrece una guía virtual del museo.

Museo de las Culturas Prehispánicas
http://mexplaza.udg.mx/Museo/
Visita virtual y animación del museo de Puerto Vallarta, Jalisco, México.

Museo Mural Diego Rivera
http://www.arts-history.mx/museos/mu/
Historia del mural, historia del museo, identificación de personajes, servicios, exposicio-nes, publicaciones.

Museo Nacional de Artes Visuales
http://www.zfm.com/mnav/
El *Museo Nacional de Artes Visuales* de Montevideo, Uruguay, cuenta con un patrimo-nio conformado por cuatro mil quinientas obras, entre las cuales se destacan las de auto-res nacionales. Como colecciones más relevantes se encuentran las de Juan Manuel Bla-nes, Carlos Federico Sáez, Pedro Figari, Rafael Barradas y Joaquín Torres García. Com-plementan la actividad del museo exposiciones temporarias de artistas extranjeros y nacionales.

Museo Nacional de Bellas Artes de Argentina
http://www.startel.com.ar/bellasartes/mnba.htm
Ofrece recorrer las obras de la colección y las diferentes actividades temporales, así como conocer la historia y los proyectos de la institución. El museo dispone de más de diez mil piezas entre esculturas, pinturas, dibujos, grabados y tapices. Entre los artistas más impor-tantes se encuentran Zurbarán, Goya, Sorolla, Van Gogh, Manet, Monet, Gauguin, E. de la Cárcova, F. Fader, A. Berni, etc.

Museo Nacional de Bellas Artes de Chile
http://www.dibam.renib.cl:80/isc160
Presenta los objetivos principales, una reseña histórica, una galería de directores, los servi-cios y horarios de atención, las colecciones, las exposiciones y la biblioteca, con catálogos *on-line* de acceso público.

Museo Nacional de Culturas Populares
http://laneta.apc.org/mncp/mncp.htm
Descripción del museo: información acerca del mismo, exposiciones más importantes, catálogo de exposiciones itinerantes, colecciones, *¿Qué hay de nuevo en el museo?*

Museo Nacional de Historia Natural

http://www.mnhn.cl/

Guía y catálogo del museo. Este sitio presenta la investigación del patrimonio natural y cultural de Chile en antropología, paleontología, mineralogía, botánica y zoología.

Museo Nacional de Historia Natural de Chile

http://www.mnhn.cl/

Guía virtual del museo.

Museo Nacional de la Revolución Mexicana

http://www.arts-history.mx/museos/revolucion/index.html

Presenta el proceso histórico de la revolución mexicana a partir de fotografías, mapas, gráficas, archivos de sonido, vídeos y otros objetos. Tabla de contenidos: historia del museo, salas de exposiciones permanentes, cronología, exposiciones temporales, actividades paralelas, servicios…

Museo Nacional de San Carlos - México

http://www.mnsancarlos.org.mx/

Ofrece una presentación de los siguientes temas: el edificio, el acervo, recorrido virtual, obras maestras, próximas exposiciones, actividades y servicios, patronato, donaciones y amigos.

Museo Virtual de Arte El País

http://www.diarioelpais.com/muva/

El *MUVA, Museo Virtual de Arte,* está concebido como un museo dinámico e interactivo que registra las obras más destacadas del arte uruguayo contemporáneo. Permite una visita interactiva en tres dimensiones.

Museos de México

http://www.mexicodesconocido.com.mx/museos/museos.htm

Lista de los museos de México con los diferentes enlaces.

2.2.3. Arquitectura

España

Antoni Gaudí
http://www.wnet.es/gaudi/bio.gaudi.es.htm
Aspectos tratados: síntesis biográfica, obras, el modernismo en Cataluña.

Casonas y Palacios de Cantabria
http://www.unican.es/arte/Temas/Cason/Casonas/Default.htm
Guía de casonas nobles y palacios de Cantabria: edad media, renacimiento, barroco, etc.

Catedral de Barcelona
http://www.website.es/catedralbcn/castella/indice.html
Información de la diócesis de Barcelona e historia de la catedral.

Catedral de Cádiz
http://www.cadiznet.com/cgi-local/toframe.cgi/monumentos/Catedral_Cadiz.htm
Historia de la catedral, desde *CadizNet.*

Catedral de Jaca (Huesca)
http://altoaragon.com/jaca/catedral/
Álbum fotográfico e información del Museo Diocesano.

Catedral de Sevilla
http://www.fie.us.es/Sevilla/monumen/Catedral.html
La catedral, su arquitectura.

Catedral de la Almudena (Madrid)
http://www.archimadrid.es/princi/princip/otros/repor/catedral/catedral.htm
Visita de la catedral de la Almudena.

Ciudades Españolas Patrimonio de la Humanidad
http://www.cyberspain.com/ciudades-patrimonio/ehome.htm
Siete núcleos integran el grupo de las ciudades patrimonio de la humanidad de España: Ávila, Cáceres, Córdoba, Salamanca, Santiago de Compostela, Segovia y Toledo, hermanadas por la distinción de la UNESCO entre los años 1885 y 1995. España es, de este modo, el país del mundo en el que más ciudades ostentan este prestigioso título.

Gaudí, la fantasía hecha piedra
http://www.ctv.es/USERS/ags/GAUDI.htm
En esta página se pueden ver *La Sagrada Familia* y *La Pedrera.*

Historia, Arte y Cultura de la ciudad de Córdoba
http://www.cajasur.es/opciones/historia.htm
Desde *CajaSur Web.*

La ciudad de Córdoba
http://www.uco.es/cordoba/prologo.html
Breve descripción de los monumentos más importantes: la Gran Mezquita-Aljama, el Alcázar de los Reyes Cristianos, el Puente Romano, la Torre de la Calahorra, la Plaza del Potro, etc.

Real Jardín Botánico Juan Carlos I
http://www.jard.alcala.es/
El *Real Jardín Botánico Juan Carlos I* constituye un proyecto conservacionista de la Universidad de Alcalá de Henares de Madrid: incluye datos básicos, descripción, actividades, arboreto ibérico, jardín taxonómico, minitropicarium, banco de semillas, tienda electrónica, etc.

Sólo Arquitectura
http://www.soloarquitectura.com/home.html
Dirección en español para los amantes de la arquitectura. Ofrece enlaces de interés arquitectónico, programas informáticos, noticias del mundo de la arquitectura, correo de los usuarios, normas y legislación.

Hispanoamérica

Catedral Metropolitana de Medellín (Colombia)
http://www.arq-medellin.org.co/arq-medellin/Catedral.htm
Visita de la catedral: sus características arquitectónicas, su historia.

Ciudades Coloniales en México
http://www.mexicodesconocido.com.mx/colonial/ciudcoln.htm
Ciudades coloniales, los estilos de la colonia, guía de las principales ciudades coloniales de México. Desde *México desconocido.*

La ruta de las misiones
http://www.mexicodesconocido.com.mx/misiones/misiones.htm
Historia y arquitectura de las misiones en México: arquitectura del siglo XVI, el barroco, siglos XVII y XVIII, el churrigueresco y el neoclásico del siglo XVIII. Desde *México desconocido.*

Quito
http://www3.quito.gov.ec/quito/smonumentos.html
Guía de los monumentos del centro histórico de Quito.

2.2.4. Bibliotecas

España

Biblioteca de Menéndez Pelayo
http://www.unican.es/bibmp/bmp.htm
Información sobre la biblioteca y enlaces de interés para hispanistas.

Biblioteca Nacional de España
http://www.bne.es/
Catálogos de la *Biblioteca Nacional,* la *Biblioteca Nacional,* publicaciones, acceso y horario, relación de servicios, proyectos internacionales, recursos de interés bibliotecario.

Biblioteca popular en Internet
http://www.arrakis.es/~margaix
En esta página *web* se pretende trasladar a las nuevas tecnologías las funciones propias de las bibliotecas públicas. Aquí se encuentran las mismas secciones que en cualquier biblioteca: prensa, publicaciones oficiales, búsquedas y atención al usuario.

Bibliotecas españolas y de todo el mundo
http://www.unileon.es/dp/abd/bibliot.htm
Bibliotecas españolas no universitarias y universitarias, bibliotecas españolas por comunidades, bibliotecas nacionales, bibliotecas de todo el mundo.

Bibliotecas públicas del Estado
http://www.mcu.es/lab/index.html
Libros, archivos y bibliotecas.

Bibliotecas y centros de documentación en RedIRIS
http://www.rediris.es/recursos/bibliotecas/
Bibliotecas universitarias españolas que forman parte de *RedIRIS,* enlaces a las bibliotecas del CSIC y a las bibliotecas públicas del Estado.

Índice General de Bibliotecas del Estado Español
http://www.mcu.es/bpe/bpe.html
Catálogos de bibliotecas públicas de toda España, por comunidades.

Hispanoamérica

Biblioteca de la Universidad de las Américas-Puebla
http://biblio.pue.udlap.mx/biblioteca_homepage.html
Desde México: información y servicios de la biblioteca.

Biblioteca Jorge Roa Martínez
http://biblioteca.utp.edu.co
Desde Colombia: información y servicios de la *Biblioteca Jorge Roa Martínez.*

Biblioteca Nacional Argentina
http://www.bibnal.edu.ar/
Ofrece: área multimedia, calendario de eventos, servicios, búsqueda bibliográfica, escuela nacional de bibliotecarios, Argentina Visión, CONABIP.

Biblioteca Nacional de Venezuela
http://www.bnv.bib.ve/
Su objetivo es promover, planificar y coordinar el desarrollo en Venezuela de un sistema nacional de servicios de bibliotecas e información humanística, científica y tecnológica.

Bibliotecas de América Latina
http://www.lanic.utexas.edu/la/region
Lista de bibliotecas y centros de documentación. Desde *LANIC.*

2.2.5. Música

Recursos generales

Letras de canciones
http://www.musica.org/letras/
Propone ocho mil seiscientas sesenta y siete letras con una búsqueda por la inicial del artista por orden alfabético. Desde *Ciudad Futura.*

Música latina
http://www.arte-latino.com/nuestra-musica/muestras-civila.html
Colección de muestras de música latina.

Música.org
http://www.musica.org/
Propone los contenidos siguientes: buscamúsica, foro, letras, boquitas, noticias, conciertos, listas, discos, anuncios, los Óscars. Desde *Ciudad Futura*.

Rock en español
http://www.rockeros.com/
Ofrece la posibilidad de elegir entre el rock más novedoso en los principales países de habla hispana: Argentina, Costa Rica, México, Honduras, Perú, Venezuela y España, con enlaces a los conciertos anunciados y a grupos españoles.

España

Música tradicional

La fiebre del flamenco
http://ourworld.compuserve.com/homepages/transmit/
Con este sitio se adquiere la fiebre del flamenco: mediante un buscador o una lista de doscientos cincuenta artistas del flamenco clasificados por especialidad (baile, toque, cante), se hallará todo lo que es imprescindible saber sobre este tema.

La Güeb Flamenca de Golem
http://members.tripod.com/~valme/index.htm
Página personal que propone una clasificación de los palos y de los cantes, biografías de artistas flamencos, o cómo hacerse flamencólogo en diez días. Los comentarios de esta publicación provienen de las indicaciones de D. Tomás Andrade de Silva, catedrático del Real Conservatorio de Música de Madrid.

La Tuna
http://tuna.upv.es/
Página de la tuna de ingenieros de telecomunicaciones de Valencia.

La Zarzuela
http://www.geocities.com/Vienna/Strasse/3300/index2.html
Historia, autores, obras, bibliografía y enlaces.

Villancicos. La Página Navideña
http://www.redestb.es/personal/ahdez/xmaspage.htm#letra
Villancicos en castellano, recetas típicas de Navidad, selección de imágenes navideñas, miscelánea (chistes navideños, enlaces a otras páginas).

Música clásica

Real Conservatorio Superior de Música de Madrid
http://www.real-conserv-madrid.es/
Informa sobre la música clásica y contemporánea española.

Pop y rock

Factoría del ritmo
http://www1.uniovi.es/musica/
El primer *fanzine* español en Internet que informa de la mejor música que se produce en España.

Grupos en la Telaraña
http://www.get.es/
Buscador de grupos españoles de rock y pop: grupos discográficos, festivales, salas, agencias, etc.

¡Made in Spain!
http://mades.kaos.es/
Página *web* dedicada a grupos de rock de la península, del sector más "radikal" del mercado: agenda de conciertos, discográficas, enlaces, entrevistas, galería de instrumentos y un buscador para encontrar información.

Página dedicada a Mecano
http://www.geocities.com/CollegePark/Union/4577
Página dedicada al famoso grupo español Mecano: Ana, José y Nacho. Letras de canciones, fotos de los miembros, información de interés para los *fans*.

Hispanoamérica

Música tradicional

Archivo de Música Tradicional Andina
http://www.pucp.edu.pe:80/amta/
El *Archivo de Música Tradicional Andina (AMTA)* se creó en 1985 en el Instituto Riva Agüero de la Universidad Pontificia Católica del Perú. Sus fines son los siguientes: la centralización y la conservación de documentos audiovisuales obtenidos *in situ* relativos a la música andina y sus contextos fundamentales, la recopilación de las tradiciones musicales andinas a través del trabajo de campo, la publicación y la difusión de los materiales reunidos.

Cultural: Folklore
http://www.surdelsur.com/folklore/musica/index.htm
El folklore y la música de Argentina, desde *El Sur del Sur*.

El Tango
http://www.artplus.es/tango/
Aquí se puede encontrar un poco de la historia del tango y algunos de sus personajes, imágenes del baile y su geografía, música e, incluso, se pueden adquirir libros sobre el tema.

Estudiantina de la Universidad La Salle
http://helios.lci.ulsa.mx/~tuna/
Información sobre esta tuna mexicana y letras y archivos de sonido.

Fundación de Etnomusicología y Folklore (Venezuela)
http://ivic.ivic.ve/fundef/
FUNDEF, la *Fundación de Etnomusicología y Folklore,* es una institución dedicada a la investigación, preservación y difusión de la cultura tradicional popular de Venezuela, América Latina y el Caribe. Presenta un museo virtual, publicaciones, fiestas tradicionales e información general.

Música Argentina
http://www.bibnal.edu.ar/i_multimedial_area.html
Recopilación de ficheros de sonido en diferentes formatos de música, así como músicos argentinos.

Música de Café
http://jaguar.pg.cc.md.us/musica/
El Café Boliviano ofrece su rincón musical. La meta es hacer un homenaje a la música de los "pueblitos" olvidados de Bolivia. El viaje virtual conduce a través de diferentes pueblecitos bolivianos donde se puede escuchar cada uno de sus instrumentos típicos: zampoñas, pinquillos, mozños, tarkas, etc. (con *Real Audio*).

Nicaragua: música y canto
http://www.bcn.gob.ni/musica/music.html
El Banco Central pone a disposición de los visitantes una muestra de música nicaragüense. La muestra está compuesta por música para marimba, música lírica, sones de toro, corridos nicaragüenses y guitarra sola.

Tambora y Güira (TyG)
http://www.mindspring.com/~adiascar/musica/index.html
Esta página está dedicada a la música dominicana en todos sus géneros. Tambora y güira son los instrumentos de percusión más característicos de los "pericos ripiaos", los grupos de música tradicional dominicana.

Tango Argentino
http://www.tangou.com.ar/
Historia, sonido, casas de tango, el tango en el mundo y más información de interés sobre la música y el baile más conocidos de Argentina.

Tangos
http://209.77.39.53/proyectos/cristel/Tangos.htm
Recopilación de tangos con las letras correspondientes.

Música clásica

Los músicos de la Orquesta Filarmónica de México
http://www.compuvar.com/OFCM/
Este sitio *web* no es oficial ni comercial: es diseñado y mantenido por los músicos de la Orquesta Filarmónica de la Ciudad de México, no por la Filarmónica como institución.

Música Sinfónica en la Ciudad de México
http://spin.com.mx./~rleal/
Ofrece información sobre las principales agrupaciones musicales de México.

Orquesta Sinfónica de Xalapa
http://www.coacade.uv.mx/osx/
Esta página está dedicada a la institución musical más antigua en permanencia de México: ofrece información institucional, historia y fragmentos de algunas grabaciones.

Pop y rock

Red Uruguaya de Música
http://www.nagmedia.com.uy/frames/
Todo sobre la música latina: novedades, conciertos, enlaces y retransmisión de conciertos en vivo.

www.rockeros.com
http://www.rockeros.com/enhanced.htm
Página *web* de rock latino, con enlaces al rock de catorce países hispanohablantes.

2.2.6. Danza

Ballet Nacional de España
http://www.mcu.es/cnd/index.html
Información sobre la Compañía Nacional de Danza, desde el Ministerio de Educación y Cultura.

Danza Contemporánea en la Red
http://www.lander.es/~azuara/
Página dedicada a la difusión de la danza contemporánea, con información de lo que ocurre en Andalucía y en el resto de España. Versión electrónica del boletín *En danza,* del Taller de Danza Azuara.

2.2.7. Fotografía

Centro de la Imagen (México)
http://www.arts-history.mx/museos/cima/dir.html
Foro dedicado a la promoción de la fotografía. Ofrece exposiciones, talleres, conferencias, presentaciones de publicaciones, etc.

PHotoEspaña 98
http://www.photoes.com/
Exposiciones y actividades en Madrid, España y el mundo, postales digitales, libro de visitas, foros de discusión.

2.2.8. Fiestas populares y folklore

Recursos generales

Fiestas en España
http://www.sispain.org/nhbin/tdbm/view/SiSpain/DB/fiesta?x-sortby=date
Una base de datos de fiestas españolas con enlaces a otras muchas páginas festivas. Desde *Sí, Spain*.

Guía de la Semana Santa en la Red
http://guia.semanasanta.andal.es/
Enlaces a las fiestas de Semana Santa en España, América y otros países del mundo.

España

Andalucía, sólo hay una
http://www.andalucia.org/spa/rutas/frfiest.htm
Presenta las fiestas populares de Andalucía: ruta de los carnavales, de las procesiones, de las ferias y romerías, ruta del flamenco, de las vendimias y fiestas agrícolas.

Casteller de la Jove de Tarragona
http://www.fut.es/~cjxt/ESP/mf1.htm
Las *castells* son construcciones humanas realizadas en Cataluña. En la Jove se encuentra el ambiente necesario para hacer *castells,* y también para hacer actividades muy diversas. Se trata de un grupo de mujeres y hombres con un objetivo claro: hacer *castells,* y hacerlo pasándolo bien.

Fiestas típicas de la región de Murcia
http://www.plc.um.es/~igcyp/fiesta00.htm
Enlaces a fiestas de interés turístico nacional y regional.

Las Fallas de Valencia
http://www.ciberia.es/fallas/
Para seguir todas las actividades de las fallas, con reportajes de periódicos locales, vídeos y sonido de las fallas. Presenta una guía de Valencia y la historia de la fiesta.

Los Carnavales de Cádiz
http://www.cadiznet.com/carnaval/
Guía del carnaval, con los orígenes, los autores, las agrupaciones y su repertorio, etc.

Los Sanfermines
http://www.sanfermin.com/
Información sobre estas fiestas mundialmente conocidas, que se celebran a partir del 7 de julio en Pamplona. Informa sobre los orígenes de la fiesta, la ciudad de Pamplona y las distintas actividades que se pueden desarrollar, y además incluye consejos de utilidad práctica. Son más de ochocientas páginas con gran cantidad de fotografías y música.

Semana Santa en Sevilla
http://semanasanta.andal.es/
Las procesiones de Sevilla: programa, terminología, historia, hermandades, sugerencias, curiosidades, música… Desde la *Guía de la Semana Santa en la Red.*

Hispanoamérica

Fiestas mexicanas
http://www.mexicodesconocido.com.mx/fiestas/fiestas.htm
Calendario de fiestas en México por orden de importancia. Desde *México Desconocido.*

Folklórico México
http://www.folklorico.com/
Página del Instituto Cultural Raíces Mexicanas, dedicado a la investigación de la danza popular mexicana.

2.2.9. Literatura

Recursos generales

Índice de escritoras
http://www.ctv.es/USERS/bingvill
Página dedicada a la biografía y a la bibliografía de más de cien escritoras.

La página literaria
http://www-scf.usc.edu/~viera/literatura.html
Literatura hispana y enlaces con todo lo relacionado con ella.

La Web de la literatura
http://www.millorsoft.es/~geral/literatura/
En esta *web* se puede encontrar a los principales representantes de la literatura española.

Lecturas Clásicas Graduadas
http://www.edelsa.es/catalogo/03-01.asp
Una colección que adapta grandes obras y autores de la literatura escrita en español, tanto de España como de Hispanoamérica.

Lecturas del siglo XX
http://cvc.cervantes.es/actcult/obras/literatura_xx/descripcion_obras.htm
Resultado del concurso organizado por el *Centro Virtual Cervantes,* que se convocó con el objeto de identificar las veinticinco obras literarias en lengua española más representativas del siglo XX (*Cien años de soledad, Rayuela, Pedro Páramo, La colmena, Romancero gitano, Luces de bohemia, La familia de Pascual Duarte, El Aleph,* etc.), así como algunos datos de interés sobre las creaciones y sus autores: Rafael Alberti, Miguel Ángel Asturias, Jorge Luis Borges, Alejo Carpentier, Camilo José Cela, Julio Cortázar, Rómulo Gallegos, Federico García Lorca, Gabriel García Márquez, etc.

Leer es fiesta
http://www.edelsa.es/catalogo/03-02.asp
Desde los primeros momentos del aprendizaje hasta los niveles más avanzados, breves y variados textos literarios para la clase de español.

Literatura española y latinoamericana
http://www.el-castellano.com/literatu.html
Información sobre letras hispanas: novedades, páginas literarias, épocas y autores. Desde *La Página del Idioma Español.*

España

Antología de poesía española
http://www.ipfw.indiana.edu/cm1/jehle/web/poesia.htm
Una colección de poesías españolas, con un índice de poemas organizado cronológicamente por autor, o alfabéticamente por el primer verso de cada poema.

Cervantes
http://cervantes.alcala.es/
Página *web* dedicada a la figura de Cervantes: biografía, obra completa distribuida por categorías y orden cronológico, discusión sobre la obra y la figura de Cervantes, enlaces a otras páginas relacionadas, Centro de Estudios Cervantinos.

Don Quijote
http://www.el-mundo.es/quijote
La obra de Cervantes según la tercera edición de Salvador Ribas (1880).

El Quijote
http://www.elquijote.com
Versión electrónica de la obra de Cervantes.

Federico García Lorca
http://www.indico.com/fgl/
Fundación y centenario de la muerte de Federico García Lorca.

Goytisolo
http://sauce.pntic.mec.es/~jgoytiso/index.html
Biografía y textos sobre Juan Goytisolo.

Literatura Española
http://www.geocities.com/Hollywood/Hills/7985/literature.htm#español
Literatura española: literatura medieval; poesía del siglo XV; literatura del siglo XVI: prosa retórica ascético-mística; poesía del Siglo de Oro: la mística carmelitana y Garcilaso de la Vega; formas narrativas del siglo XVI: novela picaresca; la comedia española: Lope de Vega; el auto sacramental: Calderón de la Barca; siglo XVIII.

Hispanoamérica

César Vallejo - Poemas
http://spin.com.mx/~hvelarde/Peru/vallejo.htm
Poemas: *Los heraldos negros, Poemas humanos, España, aparta de mí este cáliz.*

Diccionario de escritores de México
http://www.arts-history.mx/literat/li.html
Escritores de México presentados por orden alfabético.

La Conquista de América
http://www.uni-mainz.de/~lustig/texte/antologia/antologi.htm
Antología de textos de la época de la conquista y la colonia (Fray Bartolomé de las Casas, Garcilaso de la Vega el Inca, Sor Juana Inés de la Cruz...).

Literatura boliviana
http://www.bolivian.com/literatura/index.html
Presenta a los escritores bolivianos y algunas de sus obras.

Literatura Web: Hispanoamérica
http://members.tripod.com/~luisedwin/literatu.htm
Recopilación de enlaces a sitios en la Red dedicados a poetas.

Mario Benedetti
http://www.el-castellano.com/literatu.html
Una selección de páginas sobre el más popular de los narradores uruguayos. Desde *La Página del Idioma Español*.

Nuevo Mundo
http://rom.gu.se/~romlr/
Página de literatura latinoamericana con las siguientes secciones: narrativa, poesía, ensayo, reseñas y entrevistas, los autores (A-Z), etc.

Octavio Paz
http://www.ur.mx/division/chepe/homepage/letras/PAZ.htm
Índice general, biografía, obra literaria, descripción de lecturas y fragmentos.

Pablo Neruda y Gabriela Mistral
http://www.uchile.cl/actividades_culturales/premios_nobel/
Dos grandes premios Nobel chilenos: vida y obra, bibliografía.

Rómulo Gallegos
http://members.tripod.com/~luisedwin/gallegos.htm
Homenaje al autor venezolano Rómulo Gallegos; el maestro, el escritor, el político; bibliografía: novelas, cuentos, dramas; Premio Internacional de Novela Rómulo Gallegos; etc.

2.2.10. Teatro

El Sur del Sur WEB SITE
http://www.surdelsur.com/identidad/qltea.htm
Historia del teatro argentino.

El Teatro de la Zarzuela
http://ciudadfutura.com/madrid/zarzuela/
Historia, espectáculos, zarzuelas.

Alfredo González Hermoso

InfoEscena
http://www.infoescena.es/
Revista dedicada a teatro, danza, música, noticias, tertulia, cartelera y otras páginas *web*.

Teatro Central de Sevilla
http://www.teatrocentral.com
Información sobre la programación, así como sobre el propio teatro.

2.2.11. Historia y geografía

Archivo General de Indias
http://cvc.cervantes.es/obref/arnac/indias/indice.htm
Documentos históricos digitalizados. Desde el *Centro Virtual Cervantes.*

Biografía de José de San Martín
http://www.pachami.com/SanMartin21.htm
Breve historia del libertador de Argentina, Chile y Perú.

Carta de Colón anunciando el descubrimiento
http://ensayo.rom.uga.edu/antologia/XV/colon/
La carta de Colón anunciando el descubrimiento: "Fecha en la carabela, sobre las islas Canarias, a 15 de febrero, año 1493".

Carta relación del cuarto viaje
http://www.pixel.com.mx/info-gral/info-mundo/america/carta1.html
Carta relación del cuarto viaje del virrey, almirante y gobernador general de las Indias, Cristóbal Colón. Hecha en las Indias, en la isla de Jamaica, a 7 de julio de 1503.

Colombia - Historia
http://www.uniandes.edu.co/Colombia/Historia/historia.html
Historia de Colombia desde la Universidad de los Andes.

Cronología de la Revolución Mexicana
http://www.arts-history.mx/revol/revolucion.html
Las revoluciones en México (1867-1917): historia del museo, salas de exposiciones permanentes, cronología, exposiciones temporales.

Cronología de las culturas prehispánicas en México
http://www.arts-history.mx/cronos/cronos.html
Búsqueda por culturas, lugares, fechas o bibliografía.

Cultura Precolombina
http://udgftp.cencar.udg.mx/Precolombina/intropre.html
Centro de información sobre la historia de las culturas precolombinas en México (olmeca, azteca y maya). Permite búsquedas por palabras clave.

Dossier documental de Historia de América
http://www.ub.es/hvirt/dossier/index.htm
Pretende llegar a ser una base de datos documental multimedia, para uso de investigación o pedagógico.

El mundo de la cultura maya
http://www.yucatan.com.mx/mayas/mapamay.htm
Ofrece un mapa en el que se puede seleccionar el sitio arqueológico o histórico que se desea explorar; hay importante información cultural, histórica y turística de cada sitio marcado en el mapa.

Hernán Cortés
http://www.mexicodesconocido.com.mx/hipertex/hcortes.htm
Biografía del conquistador de México.

Historia de Colombia
http://www.banrep.gov.co/biblio/bvirtual/historia.htm
Documentos sobre Colombia y su historia: documentos de referencia, historia de Colombia, para niños, varios, reseñas.

Historia de la cartografía
http://www.maptel.es/cervera.top/origenmapa.html
Origen de los mapas: edad media, mundo clásico, siglos XIV-XVIII. Desde *Cervera Centre*.

Historia de México (s. XIX y XX)
http://www.cegs.itesm.mx/hdem/
México hoy, un producto de su historia; documentos históricos, imágenes, canciones típicas de cada época, leyendas y mitos, actividades de evaluación.

Historia de Venezuela
http://www.venezuelavirtual.com/pais/hist_cult/hist_cult.html
Breve historia de Venezuela, desde el servidor de *Venezuela Virtual*. Comentarios de documentos históricos y bolivarianos.

Historia del Ecuador
http://www.cultura.com.ec/ecuadorantiguo.htm
Historia del Ecuador antiguo.

Historia Virtual de América
http://www.ub.es/hvirt/index
Textos, imágenes y exposiciones.

Información histórica del Paraguay
http://www.presidencia.gov.py/
Servidor de la Presidencia de la República: breve historia del Paraguay.

Instituto de Investigaciones Históricas
http://www.geo.ign.es/
Presentación del Instituto en imágenes, publicaciones, lista de discusión *h-mexico.*

México para niños
http://explora.presidencia.gob.mx
Promocionado por la Presidencia de la República de México y destinado a explicar a los niños la historia y las características principales del país.

Mundo Maya
http://www.mundomaya.com.mx
Encuentro con la naturaleza, el hombre, el tiempo. Introducción a la historia, el arte y la cultura mayas.

Noticias de Antropología y Arqueología
http://www.naya.org.ar/home.htm
Revista electrónica argentina, con acceso a los textos de los artículos. Museo virtual; mitos y leyendas.

Simón Bolívar: Discurso de Angostura
http://ensayo.rom.uga.edu/antologia/XIXA/bolivar/bolivar2.htm
Discurso pronunciado ante el Congreso de Angostura el 15 de febrero de 1819.

2.2.12. Toros

Toros - El Arte del Toreo
http://www.el-mundo.es/toros/
Un repaso a todas las artes de la tauromaquia: la verónica, el volapié, la suerte de varas... explicadas de una manera gráfica, original y sencilla.

¡Toros en México!
http://uxdea1.iimas.unam.mx/~david/frames/index.html
Amplias explicaciones sobre las suertes del toreo y todo lo relacionado con los toros. Incluye un vocabulario taurino.

Toros en Sevilla
http://www.torosensevilla.com/
Revista taurina en Internet.

2.2.13. El buen vivir: cocina y vinos

Recursos generales

De Vinos
http://www.geocities.com/NapaValley/5666/
Revista especial para conocer y reconocer un vino: los colores de los vinos, el vino tinto, el vino rosado, clasificación de las cosechas, variedades de uvas, denominaciones de origen.

Instituto de estudio del huevo
http://www.readysoft.es/institutohuevo/
Página dedicada al huevo, con información muy completa sobre este alimento.

Juver
http://www.juver.es
El mundo de la fruta. Se trata de un espacio lleno de información, artículos, consejos y recetas: todo lo que se quiera saber sobre el mundo de la fruta.

Productos del mercado

http://www.totweb.com/vintage/es/bi-pd-es.htm

La historia, el origen, la composición, la temporada de los productos frescos y trucos para conservar los tomates, los garbanzos, el bacalao, el pescado, la mermelada.

España

Cocina en Bizkaia

http://www.bizkaia.net/Bizkaia/Castellano/Informacion_general/cocina/C2COGENE.HTM

La nueva cocina vasca y las recetas más típicas con los ingredientes de la región: leguminosas, verduras y frutas; setas y trufas; pescados, mariscos y carnes.

El Vino Español

http://www.elvino.com/

El mundo de la enología y todo lo que es posible saber sobre los vinos españoles: el vino del mes, bares de vinos, revistas, tiendas, bodegas.

Gastronomía madrileña

http://www.nova.es/~jlb/mad_es75.htm

La gastronomía madrileña en cuatro categorías: de lujo, regional, popular y tapeo. Recetas del cocido madrileño, de los callos, de la tortilla de patatas, y muchas más.

Guía de Alimentos de España

http://www.gastronomia.com/index2.htm

Introducción a las denominaciones de origen y a la gastronomía española.

Guía Internet de los vinos de España

http://www.filewine.es/

Esta página ofrece todo tipo de información sobre vinos españoles: consejos, diccionario, noticias, cosechas, etc.

Guía Peñin de los vinos de España
http://elvino.com/penin
Guía de vinos españoles que pone a disposición del internauta más de seis mil marcas, describe dos mil ochocientos vinos y mil cuatrocientas bodegas y da información sobre todas las zonas vinícolas del país. También, para los menos expertos, la *Guía Peñin* ofrece un completo curso sobre el vino.

La Paella
http://www.geocities.com/NapaValley/5625/
En este sitio se pueden encontrar todos los tipos de paellas o formas de cocinar un buen arroz.

La web de gastronomía
http://www.ciudadfutura.com/recetas/
Se ofrecen cientos de recetas de cocina, clasificadas por secciones (salsas, entrantes, carnes, pescados); con la posibilidad de hacer búsquedas por ingredientes.

Las mejores recetas de la cocina española
http://www.labuenamesa.com
Selección de un gran número de recetas y otros aspectos relacionados con el mundo de la gastronomía española.

Pastelería tradicional
http://www.valencity.es/valencity/htm/recetas.htm
Libro de recetas digital de los pasteles y dulces más típicos de la Comunidad Valenciana: la torta de pasas y nueces, el bizcocho de calabazate, el panquemado.

Quijote: vinos y quesos de la tierra de La Mancha
http://www.intercom.es/quijote/
Página dedicada a los vinos y los quesos de la tierra de Don Quijote: La Mancha.

Recetas de cocina (España)
http://www.lander.es/~adler/cocina.html
Página de gastronomía española.

Web del Gazpacho
http://www.arrakis.es/~diaz/
Página sobre el gazpacho, las maneras de prepararlo, el ajo (elemento indispensable en este plato), los utensilios, la dieta mediterránea, etc.

Hispanoamérica

Argentinewines.com
http://www.argentinewines.com/espanol.htm
Historia de los vinos y los cepajes.

Bebidas Nacionales de México
http://www.mexicodesconocido.com.mx/bebidas/bbdanals.htm
Aguardientes: el tequila, el maguey, el pulque, los aguardientes y las pulquerías. Diccionario de bebidas nacionales mexicanas.

Gastronomía: Comida Mexicana
http://www.mexicodesconocido.com.mx/comida/2070.htm
Especialidades culinarias de cada uno de los estados mexicanos.

Guía del Vino Chileno
http://www.chilevinos.cl/
Bodegas y vinos de Chile.

La cocina Mexicana
http://rulfo.dca.udg.mx/cocina/
Una gran página de recetas: sopas, aves, huevos, verduras, antojitos, carnes, salsas, mariscos, postres, bebidas.

La Comida en Nicaragua
http://sashimi.wwa.com/~roustan/nic-comi.html
Página de especialidades nicaragüenses.

Recetas de cocina (Argentina)
http://reality.sgi.com/employees/omar/recetas/
Recetas de Argentina y de otros países. Índice por categorías de platos (entradas, platos principales, acompañamientos, postres, bebidas) y por ingredientes principales (carnes, aves, pescados, verduras, masas, dulces, etc.).

2.2.14. Deporte

Buscafútbol
http://www.ciudadfutura.com/buscafutbol/
Esta página permite encontrar por palabras clave las páginas sobre fútbol existentes en español. Desde *Ciudad Futura*.

COENet
http://www.sportec.com/www/coe/main.htm
Servidor oficial del *Comité Olímpico Español*. Desde estas páginas el *COE* ofrece toda clase de información sobre su organización y sus actividades, así como todo el historial del olimpismo en España. Presenta una guía completa de los organismos deportivos nacionales e internacionales para acceder fácilmente al deporte favorito, y se puede seguir la evolución de los atletas de cara a los próximos Juegos Olímpicos, junto con toda la información sobre el programa ADO. Permite también conocer mejor la actuación del equipo olímpico español en los últimos juegos, los atletas que han participado en los juegos, sus datos antropométricos (peso, edad, estatura), y los resultados más relevantes que han obtenido en su carrera deportiva.

Deporte español
http://www.sportec.com
Ofrece información relativa a cada deporte: aeronáutica, atletismo, baloncesto, ciclismo, deporte joven, esgrima, esquí, fútbol, gimnasia, olimpismo, golf, motor, piragüismo, rugby, tenis, tiro, vela, voleibol. Ofrece también enlaces a los servidores oficiales de las competiciones nacionales y europeas, proporcionando el calendario de estas competiciones.

FIFA
http://www.fifa2.com/ESP/index.html
La revista de la Federación en castellano: información sobre fútbol, notas de prensa, noticias, enlaces, etc.

Fundación Deporte Joven
http://www.sportec.com/www/fdjoven/main.htm
Presenta la actualidad, contactos para practicar el deporte favorito, página de enlaces de deporte, deporte joven *on-line.*

Fútbol argentino
http://www.futbolargentino.com.ar./
Página que dispone de un cúmulo impresionante de información sobre el fútbol en el cono sur americano, especialmente en Argentina.

Los tres días de la República argentina
http://www.argenet.com.ar/ciclismo1/
Página *web* oficial de la vuelta ciclista a Argentina: presentación del campeonato, noticias, programa, las etapas, los resultados, la historia.

Mare nostrum
http://www.conexis.es/~mpontes
Página sobre el mundo del submarinismo en el Mare Nostrum, el Mar Mediterráneo: noticias, artículos, información sobre otros mares y muchos enlaces.

Real Federación de Tiro con Arco
http://www.federarco.es
La *FETA* presenta su página *web,* con amplia información sobre eventos, cursos, clubs, noticias, etc.

Véase también *3.1.2., Periódicos y diarios,* en pág. 97.

2.2.15. Religión

Centro de Estudios de la Reforma
http://ourworld.compuserve.com/homepages/jignaciocolerabernal/homepage.htm
Ofrece una mirada al pasado para recuperar la memoria histórica de la presencia de la Biblia y de los evangelios en España; una mirada al presente para cuantificar, analizar y exponer el crecimiento de la Iglesia Evangélica en el conjunto de España y en cada una de sus comunidades; una mirada al futuro para identificar las necesidades misioneras del mundo y las prioridades de dicha responsabilidad.

La Web cristiana
http://www.IGLESIA.net/
Punto de reunión de los cristianos hispanohablantes.

Religiones del Mundo
http://www.amarillas.com/varias/religion/index.htm
Sección general, cristianismo, judaísmo, islamismo, budismo, hinduismo, ateísmo.

2.2.16. Turismo

España

ABC de los hoteles
http://www.abchoteles.com/
Guía turística de España con más de catorce mil alojamientos entre hoteles, paradores, apartamentos, *aparthoteles,* hostales, pensiones, casas rurales, balnearios, posadas y campings.

Andalucía sólo hay una
http://www.andalucia.org/spa/homepage.html
Página *web* oficial de la Consejería de Turismo de la Junta de Andalucía. Contenido temático: turismo en Andalucía, hoteles, restaurantes, rutas culturales, parques naturales, pueblos y ciudades, oficina virtual, etc.

Asturias en el Camino de Santiago
http://www3.uniovi.es/Vicest/Otros/Asturias/Camino_Santiago/
Imágenes y textos sobre el tramo asturiano de la ruta jacobea.

Barcelona Netrópolis
http://www.barnanetro.com
El ocio en Barcelona; cyberguía: una selección de los mejores sitios.

Barcelona On Line, guía interactiva
http://www.barcelona-on-line.es/
Guía interactiva sobre Barcelona: restaurantes, hoteles, bares, compras, ocio, museos, cultura, turismo, sorpresas, novedades.

Cantabria
http://www.cibermedios.com/guia_cantabria/index.htm
Guía turística y comercial. Publicación para conocer la comunidad cántabra, con numerosas direcciones y enlaces con otras páginas *web.*

Ciudadfutura - Guía de Madrid
http://www.ciudadfutura.com/madrid
Ocio y vida cultural de Madrid, desde *Ciudad Futura.*

Comunidades Autónomas
http://cvc.cervantes.es/actcult/comunidades/
Amplia información sobre cada una de las regiones que componen el mosaico geográfico y cultural de España: sus tradiciones, sus fiestas, su historia, entre otros aspectos. Ofrece una visión en constante desarrollo de algunos de los aspectos de la variopinta cultura española.

España en cifras 1997
http://www.ine.es/htdocs/espcif/espcifes.htm
En esta página se exponen los datos más relevantes y actuales de España y sus comunidades autónomas, para dar una visión general sobre sus aspectos demográficos, sociales y económicos. Ofrece resúmenes estadísticos y series temporales de España (Instituto Nacional de Estadística). Se requiere *Adobe Acrobat Reader.*

España, municipios en la red
http://www.nuestrospueblos.com
Basada en los datos del Instituto Nacional de Estadística, una lista completa de los municipios de España.

España Virtual
http://www.itelco.es/ev.html
Guía integral de servicios.

Green Hoteles
http://www.green-hoteles.com/
Empresa que propone una hostelería diferente: hoteles de ciudad pequeños, funcionales y acogedores.

Guía del ocio de Toledo
http://www.socranet.com/guiasur/toledo.htm
Descripción geográfica y cultural, hoteles, ocio, etc.

Guía Virtual de la Comunidad Valenciana
http://www.fvmp.es/guia/virtual/indexN.htm
Mapa virtual: el país valenciano pueblo a pueblo.

Guíasur
http://www.guiasur.net
El ocio en el sur de Madrid y en las poblaciones del sur de las comunidades de Madrid y Toledo.

Husa
http://www.husa.es/
Cadena española con más de ciento ochenta hoteles en ciento cincuenta diferentes ciudades españolas. Además de ofrecer información permite reservar habitaciones.

Infobarna
http://www.infobarna.com/
Guía sobre Barcelona: actividades, transportes, restaurantes, ocio, etc.

Información general sobre España
http://www.ole-net.com/igse/igse.htm
Información general sobre España, desde *Sí, Spain.*

Información turística sobre Tenerife
http://www.cabtfe.es/puntoinfo/texto/e/index.html
Cabildo insular de Tenerife. Punto de información turística y cultural.

Interocio - Guía de Ocio de Madrid
http://www.interocio.es/default.htm
Ocio en Madrid: restaurantes, tarde-noche, cine, teatro, moda, viajes, música, deporte, libros, pintura, arte, cultura, horóscopo, concursos, onomástica, foro de *news,* tablón de anuncios.

La Comunidad Autónoma de Murcia
http://www.plc.um.es/~igcyp/index~1.htm
Visita virtual a Murcia: cultura, historia, arte, turismo, pueblos, infraestructuras y direcciones de interés.

La Guía Indispensable de Madrid, Barcelona y Valencia
http://www.netocio.com
Lo que hacer y dónde salir en estas tres ciudades: bares, hoteles, discotecas, restaurantes, tiendas, etc.

La Isla mágica
http://www.islamagica.es/
La Isla mágica es un parque temático de Sevilla ambientado en la exploración del Nuevo Mundo por pioneros españoles, con la Sevilla del siglo XVI como punto de partida.

Madrid Netrópolis
http://www.madnetro.com
Guía de Madrid. Ofrece todo para el ocio y el tiempo libre: comer y beber, los mejores locales; cine: toda la actualidad, críticas, estrenos y vídeo; teatro: lo mejor de la cartelera; arte: las exposiciones; etc.

Madrid, Villa y Corte
http://www.ciudadfutura.com/madrid/
Guía, historia, fiestas de Madrid, etc.

Navarra, Guía Turística
http://www.geocities.com/NapaValley/1784/navarra.html
Ofrece un índice temático y geográfico.

Páginas Amarillas del Viajero - España
http://www.spaindata.com/data/1index.shtml
Todo sobre España: cómo llegar, dónde dormir, dónde comer, cómo moverse, qué hacer. Hoteles, alojamiento rural, campings, restaurantes, bares, transportes y una variadísima oferta turística y lúdica.

Paisajes de España
http://cvc.cervantes.es/actcult/paisajes/
Las fotografías son testigos silenciosos de la realidad de los campos, pueblos, ciudades y regiones. Desde el *Centro Virtual Cervantes.*

Paradores de España
http://www.parador.es/cgi-bin/es
Mapa general, reservas, rutas turísticas.

Salamanca
http://www.readysoft.es/home/cisalamanca/salamanca/
Guía cultural, turística y práctica de la ciudad; información sobre las ferias y fiestas, actos y actuaciones.

Salidas
http://salidas.com
Guía de restaurantes y hoteles de Madrid y de toda España.

Sevilla Cultural
http://www.sevillacultural.com/
Revista digital de la ciudad: actualidad, arte, cine, museos, música, literatura, ocio, teatro, etc.

Softguía. Guía del ocio de Madrid
http://www.softdoc.es
El ocio en la capital: viajes, alojamiento, compras, comidas, novedades, etc.

Sol Meliá Hoteles
http://www.solmelia.es/
Servidor de la cadena española del *Grupo Sol Meliá,* que ofrece información sobre numerosos hoteles en España y en el continente hispanoamericano de esta cadena hotelera.

Todo sobre España
http://www.red2000.com/spain/1index.html
Las regiones: un recorrido por todas las comunidades autónomas de España, con una breve descripción sobre sus aspectos generales y los principales lugares de interés para el visitante; guía de ciudades: una guía muy completa de las más atractivas ciudades y las islas, que incluye rutas monumentales, excursiones y mucho más; España de la A a la Z: un listado alfabético que permite un rápido acceso a las localidades tratadas en la guía.

Turespaña
http://www.tourspain.es/
Información suministrada por el organismo oficial de turismo en España: información global, turismo de vacaciones, turismo de negocios.

Visita Islas Canarias
http://ccdis.dis.ulpgc.es/canarias/mapacanarias.html
Información turística, isla a isla: El Hierro, Fuerteventura, Gran Canaria, La Gomera, La Palma, Lanzarote, Tenerife; enlaces a otras páginas sobre Canarias.

Xacobeo 99
http://www.xacobeo.es/
Galicia en el mundo; el Camino de Santiago y el último Jacobeo del milenio; información oficial de la Xunta de Galicia.

Hispanoamérica

Chile
http://www.segegob.cl/sernatur/inicio.html
Información turística de Chile ofrecida por el Servicio Nacional de Turismo de Chile.

Ciudad de México
http://www.MexicoCityIn-Site.com/
Información sobre periódicos, consulados, el tiempo, mapas, noches de diversión, restaurantes, conciertos, cine, teatro, viajes y hospedaje, hoteles, aerolíneas, *tours,* autobuses, compras, etc.

Costa Rica - Área del Visitante
http://supersite.encostarica.net/areas/visitante/
Página costarriquense con información turística y directorios del país: restaurantes, hoteles, centro de aventuras, agencias de viajes, parques nacionales.

Cuba, la Isla Grande
http://www.tur.cu/cuba
Una visita a importantes destinos turísticos: recorrido por ciudades llenas de historia, sorprendentes paisajes naturales, hermosas playas… una amplia galería de imágenes.

Guatemala
http://www.tradepoint.org.gt/viajaguate.html
Información oficial suministrada por el Instituto Guatemalteco de Turismo: hoteles, información sobre viajes turísticos, áreas protegidas de Guatemala, sugerencias de viajes, operadores turísticos en Guatemala, etc.

Guía de Turismo en Chile
http://www.turismochile.cl/
Esta guía está organizada en tres grandes secciones para recorrer Chile: por zona geográfica, por tipo de actividad turística o por eventos de atracción turística que ocurren durante el año. Es un completo índice de las ciudades más importantes del país, con su oferta hotelera, casas de cambio, agencias de turismo, *rent-a-car* y restaurantes. Además, han sido incorporadas nuevas secciones de interés específico, tales como un completo catálogo de los parques nacionales administrados por Conaf, una página de novedades del acontecer turístico nacional, datos de interés para el visitante extranjero y una página dedicada a los mayoristas.

La Papa
http://www.lapapa.cl/
Guía del ocio chilena: cines, restaurantes, galería de famosos, *chat,* conciertos, fiestas, enlaces, etc.

México desconocido virtual
http://www.mexicodesconocido.com.mx/indice.htm
Guía cultural y turística de México: la cultura indígena, la fauna, la gastronomía, México histórico, la geografía y los estados mexicanos, la naturaleza y el turismo. Desde *México Desconocido.*

Perú - Machupicchu
http://www.unsaac.edu.pe/CUSCO/Machupicchu/
Página del santuario histórico de Machupicchu. Ofrece información turística: guías de turismo, agencias de viaje, turismo de aventura, artesanías, discotecas, restaurantes, hospedajes, hostales, música y cultura, etc.

República Dominicana
http://www.dominicana.com.do/
Contenido temático: historia y cultura, *Sobre el país,* ecología, actualidad turística, servicios de asistencia.

Sucre (Bolivia)
http://www.hamsucre.gov.bo/
Ciudad declarada Patrimonio Cultural de la Humanidad. Información turística sobre la ciudad.

Uruguay
http://www.turismo.gub.uy/otras_s.html
Información turística sobre Uruguay: restaurantes, estancias turísticas, campings, agencias de viajes, hoteles, *aparthoteles.*

Viajes y Turismo en la Argentina
http://www.megasur.com/arg/index.htm
Ofrece el contenido temático siguiente: historia, geografía, sociedad, deportes, costumbres, fotos de Argentina, mapas, alojamientos.

Viva Panamá
http://www.pananet.com/turismo/intro/introe.html
Información turística sobre diferentes lugares: Bocas del Toro, Coclé, Colón, Chiriquí, Darién, Herrera, Los Santos, Panamá, Veraguas, San Blas, Canal.

2.2.17. Especial mujeres

CEM. Centro de Estudios de la Mujer
http://www.cem.cl
Grupo chileno dedicado a los estudios de género, que se dedica a la investigación, formación, difusión y creación de asesorías especialmente en las áreas de trabajo y empleo, ciudadanía y participación política, y políticas públicas.

Fundación Mujeres
http://www.infornet.es/fundacionmujeres
Pretende promover la integración de las mujeres en el mercado de trabajo, fomentando la educación y la cualificación profesional de las jóvenes, defendiendo sus derechos laborales y sensibilizando al empresariado, administraciones públicas e instituciones, así como a la sociedad en general, sobre su realidad. En general, intenta propiciar una mayor participación de las mujeres en todos los ámbitos de la sociedad.

Mujeres en ReD
http://nodo50.ix.apc.org/mujeresred
Mujeres en ReD nace con el objetivo de crear un espacio de comunicación y establecer un lazo de unión entre las mujeres del mundo.

Mujeres españolas contra el cáncer de mama
http://www.amama.org/
Información y ayuda frente a la enfermedad en las diferentes regiones de España.

MujerWeb
http://www.mujerweb.com
Asociación de mujeres en la Red: punto de encuentro de mujeres, todo un mundo virtual de información para la mujer.

2.3. Política y administración

2.3.1. Organismos oficiales o semioficiales y entidades de interés

España

Aeropuertos Españoles y Navegación Aérea (AENA)
http://www.aena.es/
Informa acerca de *AENA*, de los aeropuertos españoles, centros de control, vuelos, etc.

Ayuntamiento de Madrid
http://www.munimadrid.es/
Organigrama municipal, directorio, novedades, servicios municipales con página *web*.

Boletín Oficial del Estado (BOE)
http://www.boe.es/
Presenta las siguientes secciones: *BOE,* sumarios, bases de datos, publicaciones, la librería *BOE,* imprenta nacional, servicios *BOE,* tablón de anuncios.

Casa de Su Majestad el Rey de España
http://www.casareal.es/casareal/home.html
La Corona (extracto de los artículos de la Constitución que constituyen su base jurídica); la Familia Real (datos biográficos); la casa de S. M. el Rey (su composición); palacios y Reales Sitios (información e imágenes de los palacios reales pertenecientes al Patrimonio Nacional).

Congreso de los Diputados
http://www.congreso.es
Se puede acceder a las siguientes secciones: actualidad, diputados, grupos parlamentarios, órganos, funciones, elecciones, el palacio de las Cortes, diarios de sesiones, publicaciones y bases de datos, informaciones prácticas, actividades internacionales, enlaces con otros parlamentos.

Consejo de Seguridad Nuclear
http://www.csn.es
Ofrece toda la información sobre el tema: instalaciones, sistemas de protección ambiental, investigación y desarrollo, legislación y publicaciones, enlaces.

Constitución Española
http://www.ugr.es/~amunoz
Texto de la *Constitución Española* y discurso pronunciado por S. M. el Rey Don Juan Carlos I, ante las Cortes, el 27 de diciembre de 1978.

Correos y Telégrafos
http://www.correos.es
Ofrece los siguientes apartados: servicios, código postal, franqueo, red de oficinas, productos, museo, filatelia, atención al cliente, adquisiciones y concursos.

Cruz Roja Española
http://www.cruzroja.es/
Presenta estas secciones: estado de las playas españolas, delegaciones territoriales de la *Cruz Roja Española,* servicios.

Dirección General de Tráfico
http://www.dgt.es
Ofrece la legislación y las obligaciones que el ciudadano debe conocer: información sobre las carreteras, información administrativa, legislación y consejos de seguridad vial, etc.

El CESID
http://esint60.tsai.es/cesid/
El *Centro Superior de Información de la Defensa* es el Servicio de Inteligencia del Estado español. Ofrece una respuesta a las preguntas siguientes: ¿qué es?, ¿qué hace?, ¿a quién informa?, ¿cómo es?, ¿quién lo integra?, ¿quién puede ingresar?, ¿quién lo controla? Presenta la historia de los servicios de inteligencia en España y una visita por el *CESID.*

El Gobierno Informa
http://www.la-moncloa.es/
Presenta los diferentes ministerios y organismos del Estado: Presidencia, Asuntos Exteriores, Justicia, Defensa, Economía y Hacienda, Interior, Educación y Cultura, Trabajo y Asuntos Sociales, Industria y Energía, Agricultura y Alimentación, Medio Ambiente, Sanidad y Consumo.

El Senado
http://www.senado.es/
Presenta el Senado y su funcionamiento. Ofrece documentación e informaciones.

Embajadas españolas en el extranjero
http://www.infotravel.es/embajadas/emb_esp.html
Búsqueda alfabética de las embajadas españolas en el extranjero.

Embajadas extranjeras en España
http://www.infotravel.es/embajadas/emb_ext.html
Búsqueda alfabética de las embajadas extranjeras en España.

FCAE
http://www.fcae.ua.es/
Fundación para la Cooperación Alicante Europa y Centro de Documentación Europea. La finalidad de los CDE es difundir la información sobre la Unión Europea tanto en el ámbito universitario como entre los distintos sectores sociales y económicos de los países en los que se ubican.

Forma de gobierno
http://www.DocuWeb.ca/SiSpain/spanish/politics/form/index.html
Se puede encontrar información sobre el poder legislativo, el Congreso de los Diputados, el Senado, el poder judicial, el Tribunal Superior de Justicia, el Consejo General del Poder Judicial, el fiscal del Estado, el defensor del pueblo, el poder ejecutivo. Desde la página de *Sí, Spain.*

Injuve. Instituto de la Juventud
http://www.mtas.es/injuve/
Este es su contenido temático: solidaridad y tolerancia, información y difusión, intercambio y movilidad, promoción cultural, asociacionismo, empleo, vivienda, educación vial, centros *Injuve.*

Insalud
http://www.msc.es/insalud/
Presenta las siguientes secciones: *¿Qué es el Insalud?,* plan estratégico, servicios, hospitales *Insalud* en Internet, directorio de búsqueda, publicaciones, enlaces.

Instituto Nacional de Calidad y Evaluación
http://www.ince.mec.es
Legislación aplicable, funcionamiento, documentos, publicaciones, enlaces.

Instituto Nacional de Empleo
http://www.inem.es
El *Instituto Nacional de Empleo* es el organismo de la administración española encargado de la mediación laboral, es decir, de poner en contacto a las empresas y trabajadores con el objeto de conseguir un contrato de trabajo para el trabajador y ayudar a las empresas a cubrir sus necesidades de plantilla, atendiendo así a las necesidades de ambos.

Instituto Nacional de Estadística
http://www.ine.es/
Estas son las secciones que se pueden encontrar: *¿Qué es el INE?,* índices de precios al consumo, información estadística, banco de datos Tempus, publicaciones, *España en cifras 1997,* servicios al público.

Instituto Nacional del Consumo
http://www.consumo-inc.es/
El *Instituto Nacional del Consumo* pretende, a través de estas páginas, ofrecer información y orientación al consumidor sobre cuáles son sus derechos y las vías para ejercerlos.

La Constitución Española
http://www.DocuWeb.ca/SiSpain/spanish/politics/constitu/index.html
La *Constitución* (texto completo en español) y el proceso constitucional. Desde el servidor *Sí, Spain.*

La Primitiva
http://www.loterias.com/lotormae/principal.html
Presenta las siguientes secciones: *100 gordos, Navidad 98, Apostar on-line,* estadísticas, programas, mapa *web.*

Manual del Estado Español
http://www.cybermundi.es/lama/
Se puede acceder a los siguientes apartados: España (escudo, bandera, himno); el Estado en la Constitución de 1978; el jefe del Estado (la Corona); el Tribunal Constitucional, las Cortes generales y los órganos consultivos (Congreso de los Diputados, Senado, defensor del pueblo, Tribunal de Cuentas, junta electoral central, etc.); el gobierno y la administración central; el poder judicial; las comunidades autónomas; otras instituciones públicas (colegios profesionales, cámaras de comercio, organismos autónomos, empresas públicas, etc.); las organizaciones de los ciudadanos (partidos políticos, organizaciones sindicales, asociaciones, instituciones religiosas).

Metro de Madrid
http://www.metromadrid.es/
Viaje sugestivo a través de la red de metro. Presenta la red de metro, *Todo Madrid,* la historia, la institución, enlaces de interés.

ONCE. Organización Nacional de Ciegos Españoles
http://www.once.es/
Presenta las secciones siguientes: cupón, premios *ONCE,* ayudas I+D, oferta tecnológica, buzón de sugerencias de la *ONCE.*

Real Academia de Ciencias Exactas, Físicas y Naturales
http://www.rac.es
Índice temático: información general, historia, académicos, vocabulario científico y técnico, actividades, etc.

Real Academia Española
http://www.rae.es/
Índice temático: información institucional, Fundación Pro Real Academia, banco de datos, diccionarios, recursos, noticias académicas.

RENFE
http://www.renfe.es/
Propone los trenes regionales y las grandes líneas, la alta velocidad, los horarios y precios, las estaciones, la imagen de la empresa y otros servicios.

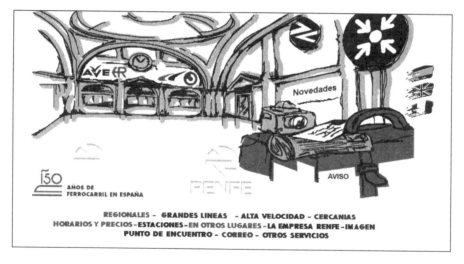

Representación permanente de España ante las Naciones Unidas
http://www.undp.org/missions/spain
Presenta discursos, datos, notas de prensa, directorio, perfil de España, buzón de la representación de España ante las Naciones Unidas.

Seguridad Social española
http://www.seg-social.es/
Se encuentran en esta página todos los servicios de las instituciones relacionadas con el Ministerio de Trabajo y Asuntos Sociales y la Secretaría de Estado de la Seguridad Social.

Spanair
http://www.spanair.com
Ofrece las siguientes secciones: información, vuelos regulares, vuelos y reservas, productos y servicios, destinos, promociones, etc.

Vuelos y reservas IBERIA

http://www.iberia.es/rutas.htm

Ofrece estas secciones: reserva y compra de billetes, consulta de disponibilidad de plazas, tarifas, información orientativa de tarifas para los destinos que opera *Iberia,* horarios, destinos, información sobre oficinas y agentes de ventas.

Hispanoamérica

Boletín Oficial de la República argentina

http://www.jus.gov.ar/servi/boletin/

Publicación de la Dirección Nacional del Registro Oficial: su historia, información y suscripciones.

Cámara de Diputados (Chile)

http://www.congreso.cl/camara/camara.html

Información sobre una de las instituciones básicas de la democracia y sobre el trabajo de cada uno de los miembros de la Cámara.

Casa de la Paz (Chile)

http://www.redesol.cl/casapaz/

Índice temático: áreas de trabajo, área de educación ambiental, área de participación ciudadana, área de resolución de conflictos ambientales.

Comisión Nacional de Seguridad de Tránsito

http://www.roadsafety.cl/

La Comisión y sus funciones, sus proyectos, sus estadísticas y acceso a su biblioteca.

Congreso Nacional de Chile

http://www.congreso.cl/

Fundado el 4 de julio de 1811, está compuesto por la Cámara de Diputados, con ciento veinte miembros, y el Senado, con cuarenta y ocho parlamentarios. Sus principales funciones son la representación de la ciudadanía y la elaboración de leyes junto con el Presidente de la República. Este sitio permite también el acceso a la Biblioteca del Congreso.

Defensor del Pueblo de la Nación argentina

http://www.defensor.gov.ar/

Esta institución se encarga de la resolución de problemas que puedan surgir entre los ciudadanos y la Administración Pública Nacional. Se pueden encontrar referencias a los derechos humanos, a los derechos del consumidor o a la ecología.

Departamento Administrativo Nacional de Estadística (Colombia)

http://www.dane.gov.co/.

Organismo técnico de la rama ejecutiva del poder público, encargado de adoptar y ejecutar las políticas de producción, elaboración y análisis de la información estadística nacional. Este organismo ha optado por publicar en Internet algunas cifras producto de sus investigaciones y las de otras instituciones nacionales.

Ejército de Chile

http://www.ejercito.cl/

Presenta las siguientes secciones: historia, estructura, héroes nacionales, imágenes y acceso al museo histórico y militar de Chile.

Fuerzas Aéreas de Chile

http://www.fach.cl/

La misión de esta institución es la vigilancia y la protección del espacio aéreo nacional. Se pueden ver los siguientes apartados: historia, brigadas, organización, museo, educación, etc.

Gobernación de la Provincia de Buenos Aires

http://www.gba.gov.ar/

Información sobre la administración pública de la provincia argentina.

Instituto Nacional de Estadística y Censos (Ecuador)

http://www4.inec.gov.ec/.

El *Instituto Nacional de Estadística y Censos (INEC)* de Ecuador tiene, entre otras, la obligación de regentar el Sistema Estadístico Nacional (SEN), y de producir y difundir información estadística.

Presidencia de la Nación Argentina

http://www.presidencia.gov.ar/

Presentación de la Casa Rosada, política, cifras, etc.

Presidencia de la República de Chile

http://www.presidencia.cl/

Información sobre el Presidente de la República, discursos, ideas, estructura del Estado, hitos fundamentales, reporte gráfico, el Palacio de la Moneda, etc.

Presidencia de la República Dominicana

http://www.presidencia.gov.do/

Información sobre el Presidente de la República, boletín de noticias, gobierno dominicano, Palacio Nacional, *Nuestro país,* otras páginas.

ProChile

http://www.prochile.cl/

Organización dependiente del Ministerio de Relaciones Exteriores para la inserción comercial de Chile en el mundo.

Secretaría de Inteligencia del Estado - Argentina
http://www.side.gov.ar/
Información sobre este organismo y también sobre la Central Nacional de Inteligencia y la Escuela Nacional de Inteligencia.

Senado de la Nación (Argentina)
http://www.senado.gov.ar/
Visita guiada e historia del Senado de la nación argentina, así como información legislativa.

2.3.2. Ministerios

España

Ministerio de Administraciones Públicas
http://www.map.es/
Índice temático: el ministro, el Gobierno informa, la administración en Internet, comunidades autónomas y entes locales, administración pública.

Ministerio de Agricultura, Pesca y Alimentación
http://www.la-moncloa.es/urlsgob/agricult.htm
Índice temático: Secretaría General de Agricultura y Alimentación, Secretaría General de Pesca Marítima, Instituto Español de Oceanografía, Instituto Nacional de Investigación y Tecnología Agraria y Alimentaria, Entidad Estatal de Seguros, servidores *web* para agricultura y el mundo rural.

Ministerio de Asuntos Exteriores
http://www.la-moncloa.es/urlsgob/aaee.htm
Índice temático: Embajada de España en Londres, Embajada de España en Canadá, Embajada de España en Belgrado, Dirección General de Relaciones Culturales, Representación Permanente de España ante las Naciones Unidas, Instituto Cervantes.

Ministerio de Defensa
http://www.mde.es
Índice temático: el ministro de la defensa, las fuerzas armadas, el presupuesto de defensa, misiones de paz, servicio militar/tropa, publicaciones, documentación, gabinete de prensa, enlaces de interés, mapa de la *web.*

Ministerio de Economía y Hacienda
http://www.la-moncloa.es/urlsgob/hacienda.htm
Índice temático: Agencia Estatal de Administración Tributaria, Dirección General del Patrimonio del Estado, Secretaría de Estado de Comercio, Turismo y Política de la Pequeña y Mediana Empresa, Instituto Español de Comercio Exterior, Instituto de Turismo de España, Paradores de Turismo de España, Secretaría del Estado de Presupuestos y Gastos, Instituto de Estudios Fiscales, Instituto Nacional de Estadística, organismo nacional de loterías y apuestas del Estado, Dirección General del Catastro, Dirección General de Seguros, Instituto de Crédito Oficial, Dirección General del Tesoro y Política Financiera, Tribunal de Defensa de la Competencia, etc.

Ministerio de Educación y Cultura
http://www.mec.es/
Índice temático: información y atención al ciudadano, educación, cultura, investigación, deportes, Unión Europea, administración, universidades, comunidades autónomas, direc-

ciones provinciales, centros educativos. Acceso temático: información, becas, museos, bibliotecas, universidad, oposiciones y concursos, etc.

Ministerio de Fomento
http://www.la-moncloa.es/urlsgob/fomento.htm
Contenido temático: Secretaría General Técnica, Centro de Documentación del Transporte y las Comunicaciones, Centro de Publicaciones, Centro de Estudios de Experimentación de Obras Públicas, Dirección General del Instituto Geográfico Nacional, aeropuertos españoles y navegación aérea, puertos del Estado, Sociedad Estatal de Salvamento y Seguridad, Sociedad Estatal de Promoción y Equipamiento del Suelo.

Ministerio de Industria y Energía
http://www.min.es
Presenta los siguientes contenidos: presentación, información general, estadísticas, estudios, biblioteca, bases de datos, otros centros, búsquedas, sugerencias.

Ministerio de Justicia
http://www.la-moncloa.es/urlsgob/justicia.htm
Contenido: administración de justicia, asuntos religiosos, cooperación internacional, objeción de conciencia, registros y notariado, servicio jurídico del Estado, Centro de Estudios Jurídicos de la Administración de Justicia, Mutualidad General Judicial. Servicios ofrecidos al ciudadano: antecedentes penales, asistencia a víctimas, asistencia jurídica gratuita, indultos, intoxicaciones, indemnizaciones, nacionalidad española, registro general, etc.

Ministerio de Trabajo y Asuntos Sociales
http://www.mtas.es/
Contenido: información general, Instituto de la Mujer, Instituto de la Información sobre Empleo, Instituto de Seguridad e Higiene en el Trabajo, guía laboral y de asuntos sociales, información estadística, información sobre asuntos sociales, indicadores de coyuntura sociolaboral y socioeconómica, catálogo de publicaciones, bibliotecas.

Ministerio del Interior
http://www.mir.es
Contenido: información administrativa, preguntas más frecuentes, oposiciones, documento nacional de identidad, extranjeros, pasaporte, ayudas e indemnizaciones, tráfico (conduc-

tores, vehículos, infracciones, etc.), participación ciudadana (asociaciones, elecciones, partidos políticos, etc.), seguridad (armas, empresas de seguridad, detectives, vigilantes, consejos para la seguridad, etc.), tasas, protección civil, arrestos, cancelación de antecedentes policiales, toros, espectáculos y juego, Boletín Oficial del Estado, catálogo de publicaciones, directorio (domicilios postales y teléfonos de las unidades del Ministerio, delegaciones y subdelegaciones del Gobierno), estructura orgánica y funciones, buzón de atención al ciudadano.

Hispanoamérica

Ministerio de Agricultura de Chile
http://www.minagri.gob.cl/minagri/minagri.html
Índice temático: ministro de agricultura, Subsecretaría de Agricultura, temas internacionales, servicios de información de ODEPA y toda la información que se requiera sobre la agricultura chilena.

Ministerio de Defensa de Argentina
http://www.presidencia.gov.ar/gabinete/08/gab0108.html
Índice temático: currículum del ministro, funciones del Ministerio, armada argentina, fuerza aérea argentina, Instituto de Ayuda Financiera para pago de retiros y pensiones militares, Instituto Geográfico Militar, Instituto de Investigaciones Científicas y Técnicas de las Fuerzas Armadas, Registro Nacional de Armas.

Ministerio de Justicia de Argentina
http://snts1.jus.gov.ar/minis/
Índice temático: autoridades, organigrama del Ministerio, plan de acción, servicios informatizados, atención al público, información y proyectos, libro de visitas.

Ministerio de Planificación y Cooperación de Chile
http://www.mideplan.cl/
El *Ministerio de Planificación y Cooperación (MIDEPLAN)* tiene como misión el diseño y aplicación de políticas, planes y programas de desarrollo nacional y regional, así como proponer metas de inversión pública, evaluarlas, y armonizar y coordinar las diferentes iniciativas del sector público orientadas a posibilitar igualdad de oportunidades. A través de sus servicios relacionados, colabora en la implementación y ejecución de políticas y programas orientados hacia los grupos prioritarios: infancia, juventud, tercera edad, personas discapacitadas, mujeres e indígenas.

Ministerio de Relaciones Exteriores de Chile
http://www.minrel.cl/
El *Ministerio de Relaciones Exteriores de Chile* es la Secretaría de Estado encargada de la planificación, dirección, coordinación, ejecución, control e información de la política exterior que formula el Presidente de la República. Para el desarrollo de las funciones indicadas colaboran con este Ministerio en calidad de servicios dependientes y/o relacionados, la Dirección General de Relaciones Económicas Internacionales, la Dirección Nacional de Fronteras y Límites, el Instituto Antártico Chileno y la Agencia de Cooperación Internacional.

2.3.3. Partidos políticos y sindicatos

España

Partidos políticos

Izquierda Unida (IU)
http://www.izquierda-unida.es
Índice temático: la organización, campañas y documentos, actos, áreas de información y comunicación, secretarías, grupos parlamentarios, publicaciones, enlaces, federaciones, partidos integrantes, derechos humanos, medio ambiente, etc.

Partido Popular
http://www.pp.es/pp/Default.html
Contenido temático: el partido, el proyecto, funcionamiento interno, oficina de información, nuevas generaciones, resultados electorales, el trabajo en el Parlamento, directorio.

Partido Socialista Obrero Español (PSOE)
http://www.psoe.es
Índice temático: boletín político-económico, artículos y entrevistas, actualidad, política internacional, política municipal, parlamento, otros temas, el *PSOE, El Socialista,* J.S.E, etc.

Partidos políticos en Internet
http://www.radiovision.es/politica.htm
Listado de los partidos políticos que tienen un sitio en Internet. Desde *Directorio de la Costa Tropical.*

Partidos Políticos Españoles con página *web* en Internet
http://www.DocuWeb.ca/SiSpain/spanish/politics/parliame/index.html
Presentación de los partidos políticos y coaliciones con representación en el Parlamento: Partido Socialista Obrero Español (PSOE), Partido Popular (PP), Izquierda Unida (IU), Convergencia y Unión (CIU), Partido Nacionalista Vasco (PNV), Grupo Canario Independiente, Eusko Alkartasuna, Partido Aragonés (PAR), Esquerra Republicana de Catalunya (ERC), Unión Valenciana, Esquerra Nacionalista Valenciana, Partido Riojano. Desde la página de *Sí, Spain.*

Quién es quién en la política española
http://www.geocities.com/CapitolHill/Lobby/3165/politic.htm
Biografías de políticos españoles: José María Aznar, Francisco Álvarez Cascos, Felipe González, Joaquín Almunia, Julio Anguita, Rodrigo Rato, Jordi Pujol, etc.

Sindicatos

Comisiones Obreras (CCOO)
http://www.ccoo.es
Este es su contenido temático: actualidad sindical, la organización del sindicato, publicaciones, servicios del sindicato, enlaces de interés.

Sindicatos
http://www.DocuWeb.ca/SiSpain/spanish/politics/unions/index.html
Presentación de los sindicatos: Unión General de Trabajadores (UGT), Comisiones Obreras (CCOO), Unión de Trabajadores (USO), Confederación Nacional del Trabajo (CNT), Soli-

daridad de los Trabajadores Vascos (ELASTV), Intersindical Nacional de Traballadores Gallegos (INTG), Confederación Estatal de Sindicatos Médicos, SINPROME Virtual, Sindicato Médico Independiente de Valencia. Desde *Sí, España.*

UGT-net
http://www.ugt.es
El contenido de esta página *web,* puesta en marcha por la *Unión General de Trabajadores* bajo la denominación *UGT-net,* interesará a todas aquellas personas que, en España o en cualquier otra parte del mundo, desean estar informadas de la realidad laboral, social y económica.

Hispanoamérica

Partidos políticos

Asamblea Uruguay - Frente amplio
http://www.montevideo.com.uy/asamblea
Esta es la página *web* del sector mayoritario de la coalición de izquierda uruguaya Frente Amplio. Ofrece información sobre la actualidad política, social y cultural de este país. Además ofrece vínculos con medios de comunicación y sitios de otros partidos políticos y organizaciones sociales de todo el mundo.

Las campañas políticas llegan a Internet
http://www.larevista.com.mx/ed388/nota2.htm#ARTICULO
La Revista Peninsular: PAN, PRI y PRD en la Red.

Partidos políticos
http://www.congreso.cl/biblioteca/regional/partidos/partidos.htm
Partidos políticos de Chile (inscritos en el registro electoral): Partido Alianza Humanista Verde, Partido Comunista de Chile, Partido Democratacristiano, Partido del Sur, Partido por la Democracia, Partido Radical, etc.

Venezuela: partidos políticos
http://www.georgetown.edu/LatAmerPolitical/Parties/Resumen/Venezuela/desc.html
Partidos políticos venezolanos: Acción Democrática, Convergencia Nacional, Derecha Emergente de Venezuela, Causa Radical, Movimiento Electoral del Pueblo, Movimiento de Integración Nacional, Movimiento de Izquierda Revolucionaria, Movimiento al Socialismo, Nueva Alternativa Opinión Nacional, Partido Comunista de Venezuela, Partido Social Cristiano (COPEI), Unión Republicana Democrática, etc.

2.3.4. Organizaciones internacionales

Unión Europea

Consejo de la Unión Europea
http://ue.eu.int/
El servidor de la Secretaría General del *Consejo de la Unión Europea* pretende fomentar el acceso del público a la información relativa tanto a la legislación de la UE como a las actividades del Consejo. Ofrece también una visita virtual del Consejo.

Europarl

http://www.europarl.eu.int/sg/tree/es/default.htm

El servidor multilingüe del Parlamento Europeo ofrece información sobre los siguientes aspectos: el presidente, grupos políticos, las instituciones de la Unión, los parlamentos nacionales, las oficinas de información, el defensor del pueblo europeo, etc.

Representación en España de la Comisión Europea

http://www.euroinfo.cce.es/

Toda la información necesaria sobre Europa, desde España: diario oficial, servidor de Europa, Parlamento Europeo, oficina en España, servidor del euro, agenda 2000, etc.

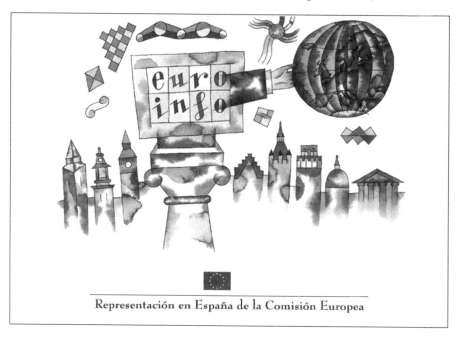

Representación en España de la Comisión Europea

Servidor de la Unión Europea

http://europa.eu.int/index-es.htm

Presenta la actualidad: acceso a los comunicados de prensa de las instituciones de la UE, al calendario de los futuros acontecimientos, a los tipos de cambio oficiales del ECU, a las últimas estadísticas y a otros servicios relacionados con la actualidad. Presenta los aspectos políticos: acceso por temas a textos jurídicos vigentes, a actividades legislativas en curso, a la aplicación de las políticas comunes, a ayudas y préstamos de la UE, a estadísticas y publicaciones. Ofrece el abecé de la información básica sobre la Unión Europea: los derechos de los ciudadanos, temas clave como el euro y el empleo, acceso a los documentos oficiales, a los textos jurídicos, a las publicaciones y bases de datos, a las fuentes de información. Presenta las diferentes instituciones: Parlamento, Consejo, Comisión, Tribunal de Justicia, Tribunal de Cuentas, Comité Económico y Social, Comité de las Regiones, Banco Europeo de Inversiones, Banco Central Europeo, agencias y otros organismos.

Tribunal de Cuentas europeo

http://www.eca.eu.int/

Acceso a los documentos de que dispone el Tribunal y presentación del mismo; informes y dictámenes aprobados por el Tribunal durante los últimos cinco años; notas informativas y comunicados de prensa.

Hispanoamérica

Organización de Estados Iberoamericanos para Educación, Ciencia y Cultura (OEI)
http://www.oei.es
Numerosos enlaces sobre educación, ciencia y cultura iberoamericanas; sistemas educativos de los veintitrés países iberoamericanos; Centro de Recursos Documentales e Informáticos (CREDI); publicaciones de la *OEI;* etc.

Otros organismos mundiales

España en la ONU
http://www.undp.org/missions/spain
Informa sobre la intervención española en la Organización de las Naciones Unidas: misiones de paz, aportación económica y política exterior.

Greenpeace España
http://www.greenpeace.es
Muestra las campañas de *Greenpeace:* atmósfera, biodiversidad, desarme, nuclear, tóxicos.

Organización de las Naciones Unidas
http://www.un.org/spanish/
Trata de los siguientes aspectos: paz y seguridad, derecho internacional, asuntos humanitarios, desarrollo económico y social, derechos humanos.

Organización Internacional del Trabajo (OIT)
http://www.ilo.org/public/spanish/index.htm
Mapa temático del sitio de la *OIT.* Muestra las normas internacionales del trabajo, los derechos humanos fundamentales, conferencias y programas y un repertorio oficial de sitios de organismos de la ONU.

Organización Mundial del Comercio (OMC)
http://www.wto.org/indexsp.htm
Las funciones de la *Organización Mundial del Comercio* son las siguientes: administrar los acuerdos comerciales de la *OMC,* establecer foros para negociaciones comerciales, resolver las diferencias comerciales, supervisar las políticas comerciales nacionales, ofrecer asistencia técnica y cursos de formación para los países en vías de desarrollo, y cooperar con otras organizaciones internacionales.

2.4. Ciencia

Agrupación Astronómica Antares
http://casiopea.adi.uam.es/antares
La *Agrupación Astronómica Antares* pretende, con este nuevo servicio, acercar a los estudiantes interesados los recursos disponibles en Internet referentes a la astronomía, la cosmología, la astrofísica, y demás ciencias afines, además de los servicios típicos de la Agrupación.

Astronomía Educativa. Planetario Móvil
http://www.comnet.com.ar/astroedu/
Astronomía Educativa es un servicio educativo de vanguardia que ofrece a las escuelas las prestaciones didácticas de un planetario portátil en el que los alumnos podrán recibir ins-

tructivas nociones de astronomía en el ámbito multimedia que recrea todo planetario: una deslumbrante simulación del cielo nocturno. El planetario es reconocido en todo el mundo como una herramienta didáctica formidable, por el alto nivel de concentración que genera en los alumnos y por la agradable recreación estética que produce el más grande espectáculo de la naturaleza: el cielo nocturno en todo su esplendor.

Bienvenido al Servicio Meteosat
http://www.tsc.upna.es/Meteosat/Meteosat_es.html
Información útil para los especialistas y fotos desde el satélite Meteosat.

Centro de Biología Molecular Severo Ochoa
http://www.cbm.uam.es
Página dedicada a la biología molecular y enlaces a otras páginas de interés sobre el tema de la ciencia.

Centro de Estudios de la Energía Solar
http://www.censolar.es
CENSOLAR es un centro exclusivamente dedicado a la formación técnica en energía solar, tanto térmica como fotovoltaica, mediante la enseñanza presencial y a distancia, y utilizando métodos desarrollados expresamente para alcanzar este objetivo.

CIEMAT
http://www.ciemat.es/index.html
El *Centro de Investigaciones Energéticas Medio Ambientales y Tecnológicas* es un organismo independiente del Ministerio de Energía que tiene como objetivos principales aportar soluciones para mejorar la utilización de los recursos y sistemas de generación de la energía, desarrollar fuentes energéticas alternativas, y resolver los problemas de las empresas españolas en el ámbito de la energía y su repercusión en el medio ambiente. En esta página se puede encontrar información sobre los objetivos del centro, y sobre cursos, actividades, conferencias, y servicios técnicos que ofrece el mismo.

Cometa Hyakutake
http://mizar.am.ub.es/~dgaladi/hyaku/hyakutake.bcn.html
Observaciones del cometa Hyakutake por miembros de la Universitat de Barcelona; artículo breve para astrónomos aficionados, con recomendaciones para la observación; otros servidores con información sobre el tema.

Dirección Meteorológica de Chile
http://www.meteochile.cl/
Organización dependiente de las Fuerzas Aéreas de Chile, que proporciona informaciones meteorológicas e imágenes. Este servidor ofrece las últimas imágenes de la Tierra tomadas por el satélite meteorológico Meteosat-V, en blanco y negro (originales) y coloreadas artificialmente.

Ecología urbana
http://www.amarillas.com/verdes/barba/index.htm
Página dedicada a la ecología y a proponer soluciones para respetar el medio ambiente desde el propio entorno, la ciudad: cómo ahorrar electricidad, agua o gas, reciclar, no producir más residuos de los estrictamente necesarios, etc.

Mundo X

http://www.geocities.com/Athens/Oracle/5284

Revista virtual dedicada a la ciencia y la investigación. *Mundo X* permite obtener información referente a historia, ciencia, geografía, fenómenos sobrenaturales y cualquier dato curioso.

Observatorio Astronómico Nacional

http://www.oan.es/

Institución bicentenaria que ahora depende del Instituto Geográfico Nacional.

Sociedad Española de Astronomía (SEA)

http://sea.am.ub.es/

Información general sobre la astronomía en España. Este es un servicio que ofrece la *SEA* a todos sus miembros y a las comunidades astronómicas nacionales e internacionales. Aquí puede hallarse información sobre la *SEA* y la astronomía en España, así como información general de interés para los investigadores en esta disciplina.

3. Prensa y medios de comunicación

3.1. Prensa

3.1.1. Recursos generales

España

El Quiosco Virtual

http://host.tiasa.com/quiosco

El Quiosco Virtual ofrece la posibilidad de elegir entre periódicos de habla hispana tanto de España como de América Latina, la fecha de publicación del periódico elegido, y la sección deseada (portada, internacional, titulares, nacional, economía, deportes, cultura, opinión).

Kiosko de prensa electrónica española

http://www.pd.lp.ehu.es/Website/Revistas/Propia/indexml

Base de datos que contiene todas las páginas *web* periodísticas de España. Las categorías son: revistas españolas, diarios españoles, agencias de prensa, servicios de información y gabinetes de prensa, radios y televisiones españolas. Desde el Departamento de Periodismo II de la Universidad del País Vasco.

Kiosko M L
http://www.mundolatino.org/prensa/
"El índice más completo de los medios en español". Dispone de ochocientos cincuenta y cuatro títulos de periódicos de habla hispana. Permite también la elección de los periódicos por países hispanoamericanos. Desde *Mundo Latino*.

Medios de comunicación españoles - Página de la prensa española
http://www.dat.etsit.upm.es/~mmonjas/medios
Medios de comunicación españoles en la Red. Se puede elegir entre la consulta de versiones electrónicas de medios clásicos, publicaciones periódicas electrónicas y boletines oficiales electrónicos. Desde la *Página de la Lengua Española*.

Prensa
http://wzar.unizar.es/doc/buz/prensa.html
Directorio de toda la prensa española e hispanoamericana, desde la Biblioteca Universitaria de la Universidad de Zaragoza.

Quiosco virtual
http://www.el-castellano.com/prensa.html
La prensa en español por países (España y América Latina), desde *La Página del Idioma Español*.

Recursos *on-line* en periodismo
http://www.arrakis.es/~ferreira/Periodismo.htm
Índices de medios de comunicación españoles, hispanoamericanos e internacionales, y enlaces a otros sitios de interés. Desde la página *Recursos on-line en información y documentación,* por Miguel Ángel Díez Ferreira.

REDMEDIOS - Red de información de Medios y Publicidad de España
http://www.redmedios.com
Base de datos de medios de comunicación y publicitarios de España, puesta al día; directorio de empresas y de los servicios que ofrecen; bolsa de trabajo de profesionales del sector; noticias de empresas y del sector; *Última hora:* espacios publicitarios que han quedado libres.

Hispanoamérica

El Kiosko
http://www.kiosco.net/
Medios de comunicación de países de habla hispana.

El Latinoamericano
http://www.el-latinoamericano.com/
"Periódico mensual de análisis y opinión sobre América Latina". Con las categorías siguientes: portada, *staff,* editorial, humor latino, actualidad, opinión, economía, Unión Europea, relaciones latinoamericanas, arte latino, cultura, turismo, espectáculos, deportes, varios, clasificados exclusivos, provincia.

Mediápolis
http://www.partal.com/mediapolis/ESP/index.html
Índice de recursos existentes en Internet relacionados con los medios de información. Secciones: España, Europa, América, prensa, radio, televisión, agencias, publicidad, universidad, recursos, periodistas.

Medios informativos de América Latina
http://lanic.utexas.edu/la/region/news/
Lista y enlaces a todos los periódicos de América Latina. Desde *LANIC* (página en inglés).

Medios informativos latinoamericanos
http://ekeko.rcp.net.pe/rcp/AL/medios-latinoamericanos.html
Base de datos y enlaces a todos los periódicos y revistas de América Latina: Argentina, Bolivia, Brasil, Chile, Colombia, Costa Rica, Ecuador, El Salvador, Guatemala, Honduras, México, Nicaragua, Panamá, Perú, República Dominicana, Uruguay, Venezuela. Esta página cuenta con noventa y ocho títulos.

Organización Editorial Mexicana

http://www.oem.com.mx:/

OEM es la empresa periodística más grande de habla hispana y uno de los tres mayores grupos del mundo. Actualmente agrupa cincuenta y siete periódicos diarios; seis de ellos operan mediante un sistema de transmisión de página completa digital vía satélite para su reimpresión remota en igual número de zonas estratégicas del país, lo que conforma la red de telecomunicaciones privada más amplia y moderna de América Latina, con treinta y seis sitios transceptores. Los diarios están dirigidos a todos los mercados, desde los de información general a los especializados en deportes y espectáculos, que circulan en áreas de influencia municipal, suburbana, estatal, regional y nacional.

3.1.2. Periódicos y diarios

España

ABC(e)

http://www.abc.es

Versión digital del diario español, con toda la información tanto nacional como internacional. Ofrece las siguientes secciones: opinión, regiones, economía, sociedad, cultura, deportes, el tiempo. Con un buscador y una revista: *ABC Informática.*

As Electrónico

http://www.diario-as.es

Diario especializado en deporte, con cuatro secciones: *La Liga en juego, Hoy en AS,* hemeroteca, correo.

Cinco días

http://www.cincodias.es

Diario especializado en economía. Presenta toda la actualidad de las empresas, las finanzas, la legislación, los mercados, así como debates, temas abiertos, *Business News,* etc.

El Mundo del Siglo XXI

http://www.el-mundo.es

Una página muy completa sobre la actualidad en el mundo, con enlaces a muchísimas categorías: primera, opinión, España, internacional, sociedad, Madrid, economía, motor, deportes, cultura, última, el índice del día; ofrece asimismo varios servicios: búsqueda, tiempo, horóscopo, quiosco de prensa, televisión, resumen de noticias actualizado a lo largo del día, etc. También se pueden consultar los suplementos de *El Mundo,* como *La Revista, Su dinero, Su ordenador, Motor y Viajes,* así como los números atrasados del periódico. Útil para la navegación es el apartado *Navegante.*

El Mundo Deportivo

http://www.elmundodeportivo.es

Todo el deporte en una página *web* dividida en categorías tan diversas como las siguientes: tema del día, fútbol, polideportivo, *basket,* en cartel, base de datos, índice, tv *on-line;* en *Interactivos* y *Díganoslo,* las opiniones son bienvenidas. Hay que precisar que esta página se dedica más bien a los equipos catalanes: el Barça y el Espanyol.

El País de las Tentaciones

http://www.elpais.es/tentaciones

Cuaderno especial del periódico *El País,* una guía de reseñas sobre todo lo que pasa o va a pasar en el cine, en la música, en la literatura, en el teatro, etc. *El País de las Tentaciones* propone también descubrir una nueva ciudad cada día, lanzarse a una acción o a una aventura. Permite enlaces a *Agenda* y *El Tablón,* espacio reservado a las opiniones y a las cartas.

El País Digital

http://www.elpais.es

Versión digital del diario español con todas las secciones habituales: internacional, España, opinión, sociedad, cultura, gente, deportes y economía. También se puede acceder a juegos y pasatiempos interactivos, participar en debates y responder a los distintos temas suscitados.

El Periódico de Catalunya

http://www.elperiodico.es

La actualidad española e internacional más destacada, organizada en las siguientes categorías: tema del día, opinión, internacional, política, cosas de la vida, gente, economía, deportes, espectáculos y televisión. Presentación del mismo periódico en *24 horas en el periódico,* enlace al *Periòdic d'Andorra* y posibilidad de hacer "viajes *on-line*". Página en catalán y castellano.

Expansión

http://www.recoletos.es/expansion

"El diario líder de la prensa económica española", ahora en la Red: en *Dos minutos* se puede leer el resumen de la edición diaria. En la sección de *Bolsa* se encuentra todo sobre los principales mercados, y los *Dossieres* dan informes exclusivos para Internet. Además se hallarán los siguientes temas: empresas, finanzas, economía, archivo, Latinoamérica, *Aquí*

Europa, banco de datos, documentos, agenda, debates y buzón. Cada día se le propone al internauta contestar a "la pregunta del día" y se puede seguir en todo momento el resultado de la encuesta.

Gaceta de los Negocios
http://negocios.com
La información económica de España y América Latina, con enlace a *El Quiosco Virtual* y al servicio *Semanario Dinero.*

Hispanidad @
http://www.hispanidad.com
Periódico de información general editado en España: últimas noticias, confidencial, opinión, resumen de prensa, nuevas ideas.

InfoFútbol
http://www.canaldinamic.es/infofut/home.htm
Diario futbolístico español en la Red.

InfoHOCKEY
http://www.infohockey.com
Noticias de última hora relacionadas con el *hockey* sobre patines, entrevistas y actualidad de los campeonatos nacionales e internacionales.

La Vanguardia
http://www2.vanguardia.es
Información esencialmente nacional y más particularmente catalana. Se ofrecen diferentes servicios y enlaces a otros periódicos y sitios de interés.

Marca digital
http://marca.recoletos/
Una lista de deportes entre los que hay que elegir para que se abra una página especialmente dedicada al deporte escogido. Y también se encontrarán las noticias del día, la Liga fantástica, ajedrez y *chat, Nuestros foros* y *Correo.*

Segundamano
http://www.segundamano.es/
El periódico de los anuncios gratis presenta un índice con los siguientes temas: casa y hogar, cuerpo, mente y espíritu, inmobiliaria, motor, oportunidades, relaciones personales, sonido e imagen, tiempo libre, trabajo. Indica cómo se pone un anuncio, cómo se consulta y las tarifas publicitarias.

Hispanoamérica

Diario de Yucatán
http://www.yucatan.com.mx
Desde México: el periódico de la vida peninsular. Presenta las noticias del día y la cultura maya, entre otras cosas.

Diario Los Andes

http://www.losandes.net

Desde Argentina: la primera página de este sitio propone los siete últimos números, entre los cuales se puede elegir. *Los Andes On-line* destaca varios tipos de informaciones: nacionales, internacionales, locales, editoriales, departamentales, económicas, políticas, deportivas, policiales, clasificadas, relacionadas con el arte y espectáculos, de interés general.

Diario Oficial de la Federación

http://www.infosel.com.mx/dof

Desde México: toda la información relacionada con leyes, decretos, reglamentos, acuerdos, circulares, órdenes y demás documentos emitidos diariamente por las dependencias del gobierno mexicano. Selección del tema por un menú.

El Día, La Plata

http://www.eldia.com.ar

Desde Río de la Plata, un diario con las secciones siguientes: la ciudad, el país, el mundo, economía, deportes, policiales, editorial, cartas de lectores, *Hace 25, 50 y 100 años,* avisos clasificados. Consulta del suplemento *Séptimo Día* y de ediciones anteriores.

El Economista

http://www.economista.com.mx/

Desde México, un diario y al mismo tiempo un verdadero directorio de recursos, con servicios tales como la búsqueda, una cuenta *e-mail,* foro, publicidad…

El Espectador

http://www.elespectador.com

Desde Colombia. Los artículos son accesibles inmediatamente; se puede también consultar las secciones del índice: opinión, diario económico, tribuna deportiva e información general. Existe igualmente la posibilidad de ver las ediciones anteriores.

El Heraldo de México

http://www.heraldo.com.mx

Permite el acceso a las diferentes categorías gracias a un botón: primera, economía, deportes, espectáculos, editorial, entrada.

El Mercurio de Valparaíso en Internet
http://www.mercuriovalp.cl
Desde Chile, se presenta como "el diario más antiguo del mundo en español". Las secciones que ofrece esta página son las siguientes: edición de hoy, ediciones anteriores, buscador de noticias, ediciones especiales, club de lectores, etc.

El Mercurio Internet
http://www.mercurio.cl
Desde Santiago de Chile, ofrece la posibilidad de consultar la portada, el editorial y las cartas, las noticias de la economía y de los negocios, del país, de los deportes, así como los suplementos y los números anteriores.

El Siglo
http://www.elsiglord.com/
Desde Santo Domingo, en la República Dominicana, contiene las siguientes secciones: nacionales, editorial, deportes, sociedad, economía, internacionales.

El Tribuno, Salta
http://www.salnet.com.ar/tribuno
Desde Argentina, diario en el que se destacan noticias provinciales, nacionales, del mundo y económicas. Tiene una sección de opinión y otra con la foto del día.

Estrategia
http://www.estrategia.cl
El diario de negocios de Chile. Se puede acceder, con un solo *click,* a los titulares, los números anteriores, los clasificados, las informaciones, las cartas al director y el club de negocios *Estrategia,* al que hay que suscribirse primero.

Excélsior
http://www.excelsior.com.mx
Desde México, un diario en el que se pueden consultar las siguientes categorías: primera plana, otras noticias, editorial, financiera, computación, *El búho,* foro, anteriores. Propone servicios como el archivo, un buscador y las herramientas.

Hoy
http://www.hoy.com.do/
Desde Santo Domingo (República Dominicana), con acceso a las siguientes secciones: portada, el país, *La otra dimensión,* editorial, opinión, deportes, el mundo, revista, economía.

La Nación, Buenos Aires
http://www.lanacion.com
Desde Argentina, con diferentes secciones: edición, portada, todos los títulos, ediciones anteriores, opinión, economía, política, general, exterior, deportes, espectáculos, el tiempo, *Usted opina*. Con un buscador y varios servicios: consulta de suplementos, de números especiales y de clasificados.

La Nueva Provincia, Bahía Blanca
http://www.lanueva.com
El diario del sur argentino; los titulares aparecen en la portada y se puede consultar las diferentes secciones: nacionales, regionales, económicas, deportes, locales, policiales, editoriales, espectáculos.

Listín Digital

http://www.listin.com.do/

Desde Santo Domingo (República Dominicana), con los siguientes temas: la República, el dinero, el deporte, la vida, la opinión.

Vanguardia web

http://www.vanguardia.com.mx

Desde México, un periódico mensual. Se pueden consultar las siguientes secciones: editoriales, columnistas, resumen, internacional, nacional, etc.

3.1.3. Revistas

España

Actualidad Económica

http://www.recoletos.es/economica

La actualidad semanal del mundo económico a través de varias categorías: tecnología, negocios, profesión, *links,* inversión, análisis, archivo, en breve, etc.

En l@ RED

www.red-infotech.com

Revista que refleja la sociedad, la cultura y la empresa de la era de la información. Informa y orienta sobre lo que acontece en Internet y en el mundo digital.

Época

http://www.nauta.es/epoca

Revista semanal de actualidad política. Ofrece la posibilidad de consultar números atrasados.

Gaceta universitaria
http://www.recoletos.es/gueb
Versión digital de esta revista de ámbito universitario. Ofrece información sobre universidades, *chats,* becas y premios, empleo público, ofertas de trabajo.

Grupo Editorial Hachette
http://www.hachette.es
Con *Fotogramas, ELLE, Quo, Diez Minutos, Car & Driver,* etc., el grupo francés se ha establecido en España. Permite la consulta de las versiones digitales de estas revistas y el acceso a otras informaciones de interés.

iWorld - la revista de Internet
http://www.idg.es/iworld/
iWorld - la revista de Internet es una publicación dirigida a todos los usuarios de Internet de España, que informa sobre noticias, nuevos productos y tendencias. Se encuentran soluciones y trucos, reportajes sobre el ciberespacio, profesionales y gente que usa la Red para trabajar y divertirse. Se presentan los últimos productos que salen al mercado, en análisis comparativos y bancos de pruebas.

Quo, el saber actual
http://www.HACHETTE.ES/quo/
"La revista mensual para mentes inquietas". Esta página presenta lo más destacado del mes de la publicación en papel: hombre, salud, tecnología, consumo, natura, porvenir. Permite la consulta de números anteriores, y ofrece enlaces a las otras revistas en lengua española del grupo Hachette.

Revistas universitarias españolas en Internet
http://www.pd.lp.ehu.es/Website/Revistas/Propia/univ.html
Listado mantenido por la Universidad del País Vasco.

Web Revistas
http://194.224.78.3:80/revistas
Información sobre revistas y publicaciones periódicas de diversas especialidades y disciplinas: revistas científicas, revistas de interés social, temas de actualidad, aficiones, deportes... Consulta por editoriales y otros servicios interactivos.

Hispanoamérica

Caras en Internet
http://www.caras.cl
Revista sobre famosos tanto del mundo del *show-business* como de la política.

Conozca Más
http://www.atlantida.com.ar/Conozca/home_conozca.htl
Revista que trata de diversos temas en secciones tales como psicología, accidentología, astronáutica, estética y musicología.

El Cotidiano
http://www-azc.uam.mx/cotidiano/intro.htm
Revista sobre la realidad mexicana actual. Su temática es el análisis político, sobre México exclusivamente, hecho por figuras de la política local (representantes sindicales y de parti-

dos políticos), de la administración pública y de los movimientos sociales. Se encuentran bancos de datos relativos a macroeconomía, ideología, cultura y a los principales actores de la vida política.

La Revista Peninsular
http://www.larevista.com.mx
Desde Yucatán, México. Revista que trata de temas candentes, con enlaces a otros periódicos.

Negocios (economía)
http://www.atlantida.com.ar/Negocios/home_negocios.html
Toda la información de utilidad para el mundo de los negocios. Con enlaces al *business,* los indicadores y el *management,* y la posibilidad de buscar dentro del periódico.

3.2. Radio y televisión

3.2.1. Radio

Recursos generales

Emisoras de radio
http://asociados.com/main/pages/links/radio/index.html
Emisoras hispanas ofrece diversos enlaces donde se puede escuchar, en vivo, música, noticias, deportes, de diversas emisoras de radio hispanas de diferentes países, utilizando el sistema de "Audio en Vivo" de *Real Player (Real Audio/Video).*

Radio y TV latinoamericanos
http://lanic.utexas.edu/la/region/radiotv/
Lista de radios y televisiones de América Latina, desde *Lanic.*

España

Cadena 100

http://www.cadena100.es

La otra radio dedicada tanto a la música *pop* de España como a la de otros países. Clasificación de las cien canciones más populares del momento, presentación de los programas y de los presentadores. Con enlaces a emisoras *C100* de otras ciudades y localidades: Valladolid, Tenerife, Villalba, Barcelona.

Cadena COPE

http://www.cope.es

Las últimas noticias, la radio en directo y los programas con sus horarios. Necesita *RealAudio Player.*

Cadena 40 - Los 40 Principales

http://www.cadena40.es

Toda la música actual y las secciones siguientes: *Los 40, Lo + 40, Conexión 40,* conciertos, noticias, encuestas, novedades, *Lo + vendido,* emisoras, *chat,* álbum de la semana, parrilla, concursos, *Número 1.*

Cadena SER

http://www.cadenaser.es

Página que permite escuchar las noticias, los deportes, los comentarios en vivo gracias a *Real Audio Player.* Con enlaces y programas.

Onda Cero

http://www.ondacero.es

Página *web* de la cadena de radio propiedad de la Organización Nacional de Ciegos. Programación plural y de carácter social, con frecuencias, programas y la posibilidad de escuchar los programas en directo con *Real Audio.*

Radio Nacional de España (RNE)

http://www.rtve.es/rne/index.htm

La página *web* de *RNE* permite acceder a otras radios nacionales: Radio 1, Radio Clásica, Radio 2, Radio 3, Ràdio 4, Radio 5 Todo Noticias, Radio Exterior de España. También se puede leer los informativos, las transcripciones, visitar los estudios, conocer las frecuencias y escuchar la *RNE* en directo con *Real Audio.*

Radiocable

http://www.xpress.es/radiocable

Radiocable se dedica a la retransmisión de otras radios del mundo. Se pueden escuchar los programas o música, descubrir la historia de la radio española, quién hace *Radiocable,* mandar un mensaje al libro de visitas, o cliquear para conocer lo mejor de la página *web* y de los otros medios.

Hispanoamérica

El Conquistador

http://www.elconquistador.cl

Desde Santiago de Chile, "la primera radio chilena en transmitir en vivo, vía Internet" propone noticias, música chilena y conocerla mejor a través de *Quiénes somos,* la red nacional, etc.

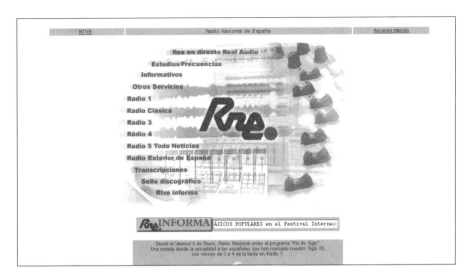

FM 92.1

http://www.eplatenses.com.ar/la92/

Desde La Plata y Buenos Aires, una radio en vivo, con índice de temas, la programación y música de los años setenta, ochenta y noventa.

K-INT Radio

http://www.mpsnet.com.mx/k-int

"La voz de Internet desde México": para escuchar todas las noticias, los análisis, los espectáculos, la música y la cultura con el programa *Real Audio*.

WFM 96.9

http://www.wfm.com.mx

"La radio interactiva donde puedes ver lo que escuchas". Presenta las siguientes secciones: historia de la radio, *top* 10, programación, intercambio de discos, noticias, etc.

3.2.2. Televisión

Recursos generales

Guía TV
http://www.guiatv.com
Programas de televisión por días, temas y otras secciones de entretenimiento.

Las televisiones españolas
http://www.arrakis.es/~peli/television/
Página personal de enlaces hacia televisiones españolas, tanto nacionales —TVE, Antena 3, TeleCinco, Canal Plus España—, como autonómicas —TeleMadrid, Canal Sur, Televisió de Catalunya, RVG Televisión de Galicia, etc.—.

España

Antena 3 Televisión
http://www.antena3tv.es
Televisión Española propone con su página *web* "un paseo por Antena 3" para conocerla, reportajes y cine. *Antena 3* es también un "centro de negocios" que da los datos del mercado, vende imágenes, etc. Secciones que pueden encontrarse: presentación de la nueva temporada de programas, defensora del espectador y noticias del día.

Cadena 40 televisión
http://www.40tv.com
Hermana de la radio Cadena 40, *Cadena 40 televisión* se dedica también a la música. Los programas son juveniles y los presentadores son dinámicos. Se puede acceder a la presentación de todo el equipo, de la programación, etc.

Canal+
http://www.cplus.es
Televisión de peaje. Se puede encontrar "todo Canal+": día a día, el cine, el deporte, los programas, el *magacine*, un servicio para los abonados, cómo abonarse, la prensa, Internet, espacio infantil, búsquedas.

Canal Satélite Digital
http://www.csatelite.es
Cadena de televisión de peaje; propone la guía de los programas y facilita ofertas para quienes quieran suscribirse. También proporciona enlaces a otros sitios del mundo de los medios de comunicación.

CNN
http://cnnenespanol.com
Todas las noticias de la famosa televisión norteamericana, ahora disponibles en castellano. La página se presenta de la manera siguiente: el titular más importante del día, los otros titulares y las noticias principales, enumeradas en una lista. Ofrece varios servicios: índice, buscar, ayuda, correo, *Ver lo que hay en CNN TV,* horóscopo.

Radio Televisión Española (RTVE)
http://www.rtve.es
RadioTelevisión Española es un complejo audiovisual que comprende a Televisión Española, Televisión Española Internacional, Televisión Española Temática y Radio Nacional de España. También pertenecen al grupo el Instituto Oficial de Radio y Televisión y la Orquesta Sinfónica y Coro. Ofrece en Internet el contenido temático siguiente: quién es quién, programas, informativos TVE, comercial, IORTV, orquesta y coro, *RTVE* informa, programación.

Telecinco
http://www.telecinco.es
Televisión dedicada a las series. Mediante una lista con los títulos de estas, el internauta puede obtener más información sobre los personajes y los actores que las interpretan. Presenta las siguientes secciones: programación, novedades, tienda, *chats* y autógrafos de las estrellas de *Telecinco.*

Hispanoamérica

Galavisión
http://www.galavision.com
Desde México. *¡Con alma latina!,* la página de *Galavisión,* dispone de las siguientes categorías: horarios, cine, comedia, deportes, música, noticias, novelas, programación bilingüe, variedad. También ofrece enlaces a otros sitios y la posibilidad de elegir un programa a través de su título.

Televisa
http://www.televisa.com
Desde México, programación de los "canales abiertos" (El canal de las estrellas, Central 4, Canal 5, Canal 9) y de las "televisiones de pago" (Visat, Sky, Cablevisión). También ofrece comentarios y foros de opiniones sobre la programación.

Televisión Nacional de Chile
http://www.tvn.cl/
Página *web* del grupo de telecomunicaciones estatal chileno. Consta de las siguientes secciones: introducción, noticias, programación, deportes. Se puede consultar también un programa directamente, cliqueando sobre el título.

TVFuego
http://www.tvfuego.com.ar
Desde Río Grande, en Argentina, propone una guía de programación destacando las películas, los programas de la semana, los deportes y los programas de niños. Dispone también de un buscador.

WebTV
http://www.webtv.com.ar
Desde Argentina. En su sección *Entretenimiento, WebTV* ofrece información sobre las películas en cartel, los estrenos de vídeo y la guía de programación televisiva. En la sección *Educación* propone enlaces a sitios de interés, como educación a distancia o ventas de CD-ROMs.

3.3. Agencias de prensa

España

EFE, agencia nacional de noticias
http://www.efe.es/
Para obtener la información en tiempo real bajo la forma de resúmenes de los acontecimientos en el mundo.

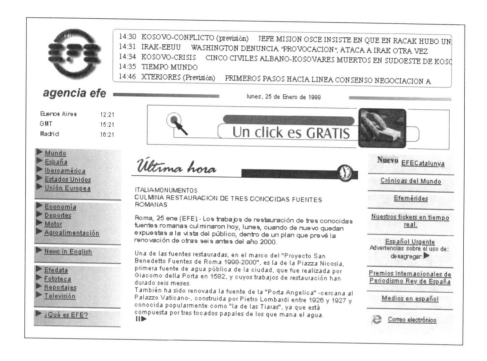

Europa Press
http://www.europapress.es
Página *web* que reúne las agencias de prensa más importantes de España. Ofrece servicios
de noticias y otros servicios, entre los que se encuentran servicios *on-line:* todo lo que ocurre, en el mismo momento.

Hispanoamérica

Notimex
http://www.notimex.com.mx
Desde México. La información más completa bajo la forma de títulos principales, con la
posibilidad de ver los artículos completos.

4. Ocio y comunicación

4.1. Humor

El chiste del día
http://wwz.com/chistes/
Aquí se puede encontrar y votar el chiste más popular del día. También aparecen las selecciones de los chistes más votados en los meses anteriores.

La Huevera. Revista de humor
http://www.ciudadfutura.com/huevera/
Comunidad virtual centrada en torno a los chistes, con numerosas secciones de humor y un motor de búsqueda de chistes del mundo. Desde *Ciudad Futura*.

Librolatino
http://200.14.114.25/librolatino/34707-8.htm
Chistes hispanoamericanos agrupados en varias secciones y clasificaciones: chistes racistas, chistes chanchos, chistes para contar en la playa, etc.

Prensa humor
http://www.ciudadfutura.com/humorprensa/
Recopilación de los mejores chistes de humor gráfico de la prensa española, publicados diariamente.

4.2. Juegos, distracciones, ocio y pasatiempos

4.2.1. Juegos en general

El buscajuegos
http://www.ciudadfutura.com/buscajuegos/
Permite encontrar las páginas con juegos o sobre juegos existentes en español: juegos de rol, juegos de azar, etc. Desde *Ciudad Futura*.

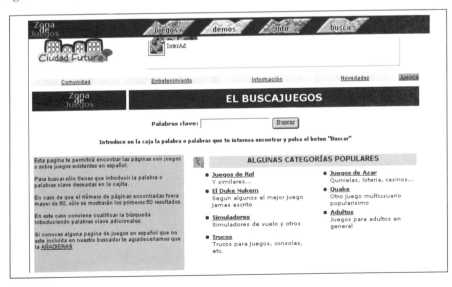

Juegos: página de enlaces
http://www.aui.es/padres/enlace.htm
Juegos educativos para los niños, tebeos, dibujos animados, juguetes, etc.

La Página de la Juerga
http://www.geocities.com/CollegePark/1178/
Página dedicada a informar sobre los sitios más interesantes y divertidos que existen en diversas ciudades españolas y a través de la Red.

Para jugar en clase
http://www.spanishembassy.org.uk/education.office/juegos1.htm
Con el juego *¿En qué habitación?*, dirigido a un nivel inicial, se trabaja el vocabulario relativo a nombres de objetos y habitaciones de una casa. Se incluyen las instrucciones, las tarjetas y el tablero que componen dicho juego.

4.2.2. Juegos de estrategia y lógica

Buscaminas
http://server4.canopus.com.ar/akira/netmine.html
El argumento es simple: ir escogiendo y descubriendo casillas del campo de juego tan rápido como sea posible y sin descubrir ninguna mina.

5 en línea
http://server4.canopus.com.ar/akira/gomoku.html
Este programa implementa un antiguo juego japonés llamado *go-moku*, más conocido como "5 en línea". El juego se desarrolla en un tablero de trece por trece casillas, y el objetivo es colocar cinco fichas contiguas en una línea (horizontal, vertical o diagonal), antes de que lo haga el ordenador.

Club Dragón
http://www.ciudadfutura.com/clubdragon/
Asociación para el fomento de los juegos de estrategia e historia a través de diversas actividades y partidas entre internautas. Contiene una biblioteca, un club virtual, un tablón de anuncios, y propone esoterismo, novedades, etc.

Conexiones
http://www.geocities.com/Paris/Metro/6265/
Propone una serie de enigmas que hay que solucionar, para que uno "se estruje las neuronas a fondo".

Legal Crime
http://www.cronis.com/x/lc/
Juego de persuasión y estrategia para hacerse el dueño de la ciudad.

Lógica 10
http://www.teleline.es/personal/diez10/home.htm
Juegos, problemas de ingenio, acertijos, divertimentos, paradojas, matemáticas recreativas, desafíos a la inteligencia, etc.

4.2.3. Juegos de mesa

Cybermus
http://www.cybermus.com
Programa para jugar al mus con amigos a través de la Red.

La escoba
http://torla.sendanet.es:80/sastre/sergiweb/naipes/escoba/index.html
Se juega utilizando una baraja de naipes española de cuarenta cartas. Se juega entre dos o más personas formando dos campos contrarios.

La Página del Ajedrez
http://marca.recoletos.es/ajedrez/
Se juega al ajedrez utilizando el mejor programa conocido. Esta página dispone de habitaciones para *chatear*, sesenta mesas para jugar al ajedrez *on-line* con las personas conectadas en ese mismo momento, y observación de partidas que se estén disputando. Todo en tiempo real.

4.2.4. Otros juegos

El juego de la Bolsa Virtual
http://www.ciudadfutura.net/juegos/bolsa.htm
Mediante este juego se pueden comprar y vender acciones relacionadas con Internet. El programa asigna quinientos mil dólares virtuales para realizar estas operaciones de compra y venta de valores.

Hazon, the gamer site
http://www.anit.es/coolgame
Buscador de juegos que proporciona el acceso a todo tipo de juegos para ordenador: los Simpsons, El Señor de los Anillos, el rincón de Fosi y muchas otras cosas relacionadas con el ocio.

Javigramas
http://www.arrakis.es/~javiyana
Revista de pasatiempos: dameros, sopas de letras, crucigramas y otros muchos más.

Museo del Vídeojuego
http://www.interec.com/museo/index.html
El *Museo del Vídeojuego* ofrece la historia de los juegos para ordenador. También se pueden encontrar emuladores de diversos ordenadores y para diferentes sistemas operativos. Por supuesto, se encuentran juegos para dichos emuladores, así como enlaces a lugares relacionados con el mundo de los juegos. Se habla de los juegos más famosos, aunque se nombran casi todos los que se comercializan en España.

Nintendo
http://www.nintendo.es/
Todo sobre sus consolas, juegos, trucos, etc.

Ocio y juegos
http://www.ocio.bch.es/
Páginas facilitadas por el Banco Central Hispano, en las que se pueden encontrar imágenes estereoscópicas, realidad virtual, juegos *on-line,* concursos, guías de navegación, *topwebs* y *software.*

Ocionet
http://www.ocionet.com/
Ocionet, tal como indica su nombre, es una página *web* ideada principalmente para el ocio y el entretenimiento. En principio, *Ocionet* consta de cinco áreas que a su vez contienen varias secciones relacionadas.

Quiz
http://www.quiz.es
Crucigramas en Internet. Ediciones Pléyades es líder en el mercado de revistas de pasatiempos en español. Desde 1973, año en que surgió *Quiz,* no ha dejado de ampliar su oferta, que, actualmente, cubre la mayor variedad de revistas, tanto especializadas como de carácter general, ofreciendo gran diversidad de contenidos, formatos y periodicidades.

Trivial Quiz
http://members.tripod.com/~alphavision/trivial/index.html
Página de ocio que incluye un concurso de preguntas y respuestas en la Red. Cuatro son las áreas que abarca *Trivial Quiz:* música, cine, televisión y ocio informático.

4.2.5. Distracciones y pasatiempos

Amateurcasting
http://www.amateurcasting.com/
Página *web* para saber cómo hacer su propio *casting* y poder entregarlo allí donde crea conveniente. *Amateurcasting* invita a todos aquellos que tengan alma de artista a que

expongan sus *books*, las mejores fotos o expliquen cuál es su habilidad. Ofrece igualmente una página personal y un *e-mail* para que uno mismo presente su *casting*.

Cadena 100 Barcelona: índice de artistas
http://www.cadena100.es/Barna/links100.html
Página *web* que ofrece un listado de direcciones de artistas, grupos y cantantes, con un índice ordenado alfabéticamente.

Cyber magazine
http://www.cdmedia.es/
Revista de ocio en Internet. Presenta las siguientes secciones: deportes, música, cine, libros, conciertos, videojuegos, tiendas, juegos de azar, periódicos, revistas, etc.

El futuro en sus manos
http://www.ciudadfutura.com/horoscopo/
Horóscopo personalizado y diario.

El Juego de "Rasca-Rasca"
http://www.telepolis.com
Para jugar, el usuario debe registrarse en *Telépolis* para poder recibir su identificación como tal, y eso le permitirá jugar una vez por día como máximo, rascando el boleto digital de seis casillas que encontrará; al arrastrar el ratón y descubrir las casillas, si la persona totaliza tres con el mismo icono, gana el premio que representa este icono.

La web de los trucos
http://www.geocities.com/TimesSquare/Castle/6525/
Trucos de juegos, programas, secretos de Windows, trampas, accesos recomendados de la Red, *¿Cómo crear su propia página web?*, enlaces imprescindibles.

Los actores y famosos en Internet
http://www.ciudadfutura.com/famosos/
Buscador y foro para intercambiar información sobre la gente famosa, con un buscador especializado que recopila todas las páginas disponibles en Internet sobre los famosos. Desde *Ciudad Futura*.

Los trucos de la Abuela
http://www.dragonet.es/users/jdiaz/abuela
Más de cien trucos para una vida más fácil; ayuda a resolver situaciones habituales, como quitar manchas de la ropa, realizar bricolaje, cocinar mejor y muchas cosas más.

Midi & Karaoke Station
http://www.arrakis.es/~gobantes/
Letras de canciones y enlaces a otras páginas relacionadas con el tema del karaoke.

Tu nombre. Origen y Significado
http://www.ciudadfutura.com/nombres/
En esta página se incluyen los principales nombres españoles, con su origen, significado, fecha de su festividad y rasgos de personalidad asociados al mismo. También se puede consultar el origen y el escudo de armas del apellido. Desde *Ciudad Futura*.

4.2.6. Tiras cómicas

Akira Cómics

http://www.akira-comics.com/

Librería madrileña especializada en *cómics*. A través de estas páginas ofrece información sobre todo tipo de *cómics,* cartas, etc.

Comic Zone

http://www.dreamers.com/comiczone/

Página sobre *cómics* donde destaca el listado de todo lo publicado en España de Spider-man durante treinta años y la presentación del *fanzine Comic Book & Manga (CB&M).*

El humor gráfico en la prensa española

http://www.ciudadfutura.net/humorprensa/

Esta página permite conocer las viñetas de los humoristas gráficos españoles (El Roto, For-ges, Máximo, Peridis y Ricardo & Nacho), publicadas diariamente en los periódicos de alcance nacional *ABC, El Mundo* y *El País.*

El tebeo

http://www.readysoft.es/home/tebeo/#2

Presentado por A. Sintes: las mejores direcciones sobre tebeos o ilustración que se pueden encontrar en la Red. Presentación de la editorial Bruguera, una de las editoriales que más influencia ha tenido en la gente y las costumbres de España. De ella surgieron algunos de los personajes más famosos y representativos de la época: Doña Urraca, Pepe Gotera y Oti-lio, Pepe el hincha, Zipi y Zape… Ofrece también otras secciones.

Las aventuras de Mortadelo y Filemón

http://www.arrakis.es/~jjp/

En estas páginas se enumera buena parte de las aventuras largas o serializadas, que Francis-co Ibáñez dibujó con la pareja de agentes secretos más famosos del *cómic* español. Contie-ne numerosas portadas de historietas y la descripción de los personajes principales.

Mafalda

http://vishnu.nirvana.phys.psu.edu/argentina/mafalda.html

Contiene las viñetas más características de este popular personaje. La presentación es en inglés.

4.2.7. Lectura y escritura

ABC Guionistas
http://www.angelfire.com/ok/abcguionistas/index.html
Página dedicada a la escritura de guiones. Ofrece sus servicios para escribir guiones de cine (largometrajes) y televisión (series y telefilmes), analizar guiones cinematográficos, asesorar en cuanto al formato de escritura de sinopsis, tratamientos y guiones cinematográficos, asesorar respecto a las herramientas informáticas para el desarrollo y análisis de historias, y traducir guiones del / al inglés.

Casi Nada
http://www.iponet.es/~jbermejo/indice.htm
Aquí se puede buscar lo que se quiera en cuanto al arte poético. Este es el índice temático: técnicas del trabajo intelectual y del estudio, filosofía, religión, ateísmo, tradiciones, cultura oriental, literatura (*Leyendo y anotando libros y autores,* relatos, cuentos, memorias, etc.).

Foro sobre poesía
http://www.interpower.com.mx/foros/expresion.html
Espacio reservado a la poesía; se puede participar enviando su propio poema, o comentando lo que se haya leído.

Jóvenes escritores
http://www.ciudadfutura.com/escritores/
Lugar sobre literatura y poesía: relatos, poemas, historias compartidas, biografías. Permite publicar los primeros libros, aprender a escribir, hacer concursos literarios… y mucho más.

Lechuza, Osiris
http://www.cam.org/~segura/index.html
Poemas para todos los gustos: desde los clásicos hasta los ensayos de principiantes.

Para que leas
http://www.edelsa.es/catalogo/03-03.asp
Colección de lecturas especialmente elaboradas para estudiantes de español como lengua extranjera, compuesta de novelas policiacas, de misterio, costumbristas, etc.

Poetas andaluces
http://malagueta.isocanda.org/areas/poesia
Base de datos para divulgar la poesía andaluza en el mundo… Ofrece tanto información biográfica sobre los autores, como muestras de sus obras.

4.3. Foros de comunicación

4.3.1. Recursos generales

Búsqueda de lista de Distribución en español
http://www.rediris.es/list/buscon.es
Búsqueda entre trescientas treinta y nueve listas de distribución registradas en el servidor *RedIRIS,* cuyo denominador común es que se dialoga preferentemente en castellano.

Directorio de Listas de Correo
http://www.geocities.com/WallStreet/1962/listas.html
Indice temático con catorce categorías y ciento noventa y siete listas.

Foros hispanos
http://www.dat.etsit.upm.es/~mmonjas/foros.html
Veintitrés grupos de noticias y trece listas de correo. Desde la *Página de la Lengua Española*.

Grupos nacionales de noticias
http://news.rediris.es/~moderador/grupos/grupos.es.html
Listado de grupos de noticias en lengua española.

Listas de discusión sobre la lengua española
http://www.el-castellano.com/foros.html
Cómo suscribirse a las listas de discusión sobre el castellano: de especial interés para traductores, periodistas y profesores de la lengua. Desde *La Página del Idioma Español*.

Servicio de listas de distribución de RedIRIS
http://www.rediris.es/mail/list/
Foros de discusión electrónicos para la comunidad académica y científica española.

4.3.2. Foros de consulta e intercambio de ideas

Los foros de Edelsa
http://www.edelsa.es/foro/foro.asp
Lugar de intercambio de experiencias entre los profesores que usan métodos de la editorial Edelsa.

Los foros del Centro Virtual Cervantes
Los foros son puntos de encuentro donde quienes desean comunicarse con el *Centro Virtual Cervantes* pueden compartir información, experiencias, plantear y resolver dudas e intercambiar opiniones acerca de intereses comunes. A diferencia de las listas de distribución, estos foros no requieren suscripción; para consultarlos o participar en ellos, se debe acceder al sitio del *CVC*.

Foro del español
http://cvc.cervantes.es/foros/default.asp
Para traductores, periodistas y todas las personas relacionadas profesionalmente con la lengua española.

Foro del hispanista
http://cvc.cervantes.es/foros/foro_his/
Para los profesores que enseñan literatura, arte o cultura hispánica y que desean exponer sus dudas, comentarios y peticiones.

Foro didáctico
http://cvc.cervantes.es/foros/default.asp
Para las cuestiones relacionadas con la enseñanza del español.

Foro TIC

http://cvc.cervantes.es/foros/foro_tic.

Este nuevo foro nace de la demanda existente de un espacio para la discusión de la terminología propia del medio entre informáticos y usuarios, quienes tendrán la oportunidad, de este modo, de debatir sobre todo tipo de términos relacionados con el mundo de la informática y de las comunicaciones.

4.3.3. Correspondencia electrónica

Amigos Hispano Parlantes

http://www.inetworld.net/eac/penpal.htm

Lista de amigos hispanos que cambia y aumenta mensualmente con el mensaje y las direcciones de las personas que buscan con quién escribirse. Se puede ver la lista, incluir el nombre, hacer preguntas y comentarios e intercambiar ideas.

Correspondencia

http://www.gu.edu.au/gutl/stf/spanish/puerta/corres.htm

Listas de direcciones y mensajes de gente hispana que desea entablar una correspondencia amistosa a partir de los temas siguientes: amistad, cursos de español y cultura hispana, recetas de cocina, literatura, trabajo, música, viajes, otros temas.

Cyber oficina de Correos

http://www.cybercartes.com/es/

Ni colas, ni sellos, ni tampoco horarios de apertura. Desde ella se puede enviar gratuita y virtualmente una tarjeta postal (de San Valentín, cumpleaños, nacimiento, agradecimiento, año nuevo, etc.), vía correo electrónico.

El club de la amistad

http://www.ciudadfutura.com/amistad/

Aquí se encuentran todos los ciudadanos de *Ciudad Futura*. El objetivo es facilitar la búsqueda de personas afines con las que se quiere entablar amistad. Para conseguirlo con facilidad se ofrece un programa de búsqueda, con el que se pueden encontrar otros ciudadanos que reúnan las características deseadas.

Postales virtuales Latinas

http://www.civila.com/postales/

Tarjetas electrónicas con música del mundo latino. Clasificadas por temas, se encontrarán fotos de flores, animales o paisajes de América Latina, España y Portugal.

Postalycual

http://www.postalycual.com/

Mediante esta página se pueden enviar postales de amor, así como flores o besos de verdad. También se encontrarán muchos otros pretextos para manifestar la amistad.

Tarjetas postales - Madriz

http://www.madriz.com/cgi-bin/home.cgi

Toda ocasión es válida para enviar una postal electrónica, como se ve en los siguientes apartados: aniversario, *¡Escríbeme!*, *Recuerdos desde Madrid*, *Día de la madre o del padre*, Navidad, etc.

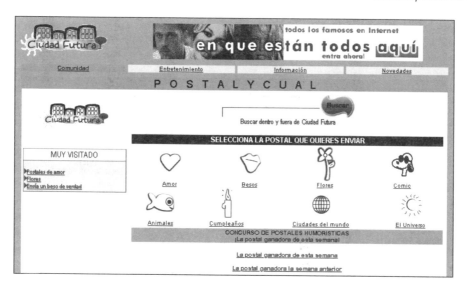

World wide friends
http://www.elclub.com/
Sistema gratuito de búsqueda de amigos por Internet.

Véase también cómo crearse un *e-mail* gratis en *7.3., Internet gratis,* en pág. 159.

4.3.4. Canales de conversación, *chats* y charlas

Chatear es una forma de comunicación que permite, con un programa, realizar tertulias en directo. Es como una sala de reuniones donde se discute de un tema al mismo tiempo con mucha gente, con la que se puede compartir texto, sonido e imagen.

Café Madrid
http://www.arrakis.es/~jols/indexes.html
Un lugar agradable en Madrid para navegar por la Red, entrar en los *chats* o enviar correo, mientras se toma un café, una copa, o se prueban algunas tapas.

Chat El Club
http://www.elclub.com/chat.htm
Explica el sistema para entrar en el *chat* y en las diferentes salas de conversación. Desde *World wide friends.*

Chatear.com
http://www.chatear.com
Aquí se puede comunicar a través del sistema del *chat* con multitud de gente de todo el mundo y principalmente de habla hispana. Pero *Chatear.com* no es sólo un sitio de reunión en el que se recogen todos los temas de los que se quiere hablar, sino que es un sitio en el que además se pueden sugerir canales, adquirir un canal propio, y todo lo que se pueda imaginar relacionado con la comunicación en tiempo real.

Chatmanía, La Biblia del Chat
http://www.ciudadfutura.com/chatmania/
Funcionamiento de un *chat* o manera de *chatear,* consejos para practicarlo con eficacia, explicación de la simbología utilizada para conversar y ahorrar tiempo, etc. Incluye una guía de *chats* en español, *cybercafés* y tertulias. Desde *Ciudad Futura.*

Cybercafés de España
http://www.tangaworld.com/_cyberca.htm
Lista de ciento sesenta *cybercafés* en España: apuntes sobre los *cybercafés,* mapa general, *cybercafés* por localidades, lista general, *cyberchat,* guías y publicaciones, etc.

El Café de Internet
http://www.cafeinternet.es
Juegos, *e-mail* gratis, etc.

El chat abierto de Edelsa
http://www.edelsa.es/chat/chat.asp
Sala de charla abierta por la editorial Edelsa para facilitar el diálogo entre estudiantes y profesores de todo el mundo.

Guía de Chats
http://www.ciudadfutura.com/chatlist/
Directorio de todos los *chats* existentes y búsqueda y elección de los *chats* disponibles según su tipo.

Hispachat
http://www.hispachat.com
Sistema de charlas en castellano con una amplia colección de temas, en la que aparecen treinta y cinco nuevas comunidades virtuales.

Inforchat

http://www.inforchat.com

Comunidad hispana de *chats* que propone diferentes temas de charla: diversión, deportes, informática, negocios, etc. Esta página da consejos a los usuarios de esta forma de comunicación. También es posible hacer una partida de ajedrez en línea.

IRC - Hispano

http://www.irc-hispano.org

Esta página *web* sirve de referencia en el dominio de las charlas *on-line,* porque permite conocer, en el momento, el estado de los servidores que se emplean para conectarse, y ofrece una lista de canales y un mapa de la Red *Irc-Hispano.*

La charla interactiva

http://www.charla.interactiva.org/

Explica lo que es un *chat,* permite charlar en directo con otros usuarios conectados, propone un buscador de enlaces y un tablón de anuncios. Presentación en inglés.

Latinchat

http://www.latinchat.com

LatinChat es un sistema de *chat* basado en página *web* en la que se puede, además de hablar con mucha gente, enviar gráficos que ayudan a comunicar de una forma más divertida y clara. Tiene una opción de puntos de encuentro clasificados por categorías.

Olé Chat

http://www.ole.es/OleChat/

Sencillo sistema de *chat* en página *web* dividido en cuatro grandes temas y diferentes canales: diversión —donde se encuentran canales con marcha, fiestas, amigos, pareja, cine—; informática —con foros y debates sobre el mundo de los ordenadores—; el mundo de los negocios; y el deporte, el riesgo y la multiaventura.

Ozu Chat

http://chat.ozu.es:81/

Sistema de *chat* en página *web* de utilización sencilla, que ofrece varias salas de comunicación: amistad, (ir) de fiesta, cine, finanzas, humor, ligue, música, deporte, tecnología.

Ruta Azul
http://www.rutaazul.com/chats
Ofrece la posibilidad de *chatear* por todas las partes del mundo. Tiene una guía y un menú ordenado alfabéticamente de casi todos los *chats* del mundo.

Telépolis Chat
http://www2.telepolis.com/
Ofrece varios canales de comunicación de utilización sencilla y amena. Permite también crear un canal y ser moderador del mismo, así como cambiar el tipo de letra, el color y el tamaño de los mensajes que aparecen en la ventana principal.

4.3.5. Ciudades virtuales y charlas

Ciudad Futura
http://www.ciudadfutura.com/
Ciudad Futura es una gran ciudad virtual en español dedicada a la amistad y el entretenimiento. Amigos, famosos y famosas, música, cine, *chats,* humor, chistes, horóscopos, informática, *software, shareware, freeware,* postales virtuales, amor, contactos, todo lo que es gratis en Internet, actualidad, foros, noticias y mucho más.

CIVILA, ciudades virtuales latinas
http://www.civila.com/civila.htm
El hogar de los latinos en Internet, donde "la Red es la gente", según la presentación del sitio. El objetivo es proyectar la cultura latina al mundo, fomentando la presencia latina *online* y proporcionando a individuos e instituciones culturales, sociales y ecológicas, espacios gratuitos para sus páginas *web.*

Entrada a Numancia
http://www.laeff.esa.es/~crb/
Numancia es un proyecto nuevo. Algunos amigos han pensado que sería una buena idea crear una ciudad virtual, donde todos los ciudadanos se lo podrían pasar lo mejor posible a pesar de los miles de kilómetros que les separan.

Legazpi
http://www.legazpi.com
Comunidad virtual de transportes en idioma castellano, galardonada con varios premios como uno de los mejores sitios en Internet. Ofrece recursos para practicar y debatir sobre temas concernientes a los transportes.

País virtual
http://paisvirtual.com/
País virtual es un mundo interactivo donde se puede diseñar la propia página *web,* compartir las aficiones favoritas, *chatear,* buscar información, o elegir residencia en alguna de las veintidós ciudades virtuales que se ofrecen: ciudad del arte, de la ciencia, de la cocina, del deporte, de la educación, de la familia, de la gente, de los juegos, de la música, ciudad universitaria, ciudad verde, etc.

Véanse otras muchas ciudades virtuales en
http://www.metabusca.com/cgi-localbin/meta.pl

4.3.6. Grupos de noticias

Los grupos de noticias funcionan como el *e-mail,* pero en lugar de recibirse los mensajes en el buzón personal, se encuentran en una lista del servidor de noticias. El navegador dispone del programa correspondiente de noticias; basta con pulsar el icono "grupo de noticias" y escribir la palabra relacionada con la búsqueda deseada para encontrar el grupo. Por ejemplo, si se pone **es.*,** aparecerán todos los grupos de noticias en español.

Grupos nacionales de noticias

http://news.rediris.es/~moderador/grupos/grupos.es.html

RedIRIS propone un índice y un listado de ciento sesenta y siete grupos oficiales **(es.*),** así como otra lista de grupos **(soc.)** referentes a la cultura española e hispanoamericana.

Existen pocos grupos dedicados exclusivamente a discusiones en castellano. Proponemos aquí algunos en los que se habla preferentemente en español:

alt.mexico
es.charla.actualidad
es.charla.economia.bolsa
es.charla.gastronomia
es.charla.politica
es.charla.religion
es.ciencia.electronica
es.humanidades.gramatica
es.humanidades.literatura
es.misc.anuncios.compra-venta
es.misc.anuncios.trabajo.demanda
es.misc.anuncios.trabajo.ofertas
es.rec.cine
es.rec.deportes.futbol
es.rec.humor
es.rec.juegos.estrategia
es.rec.tv.series
es.rec.viajes
soc.culture.argentina
soc.culture.bolivia
soc.culture.chile
soc.culture.colombia
soc.culture.costa-rica
soc.culture.cuba
soc.culture.dominican-rep
soc.culture.el-salvador
soc.culture.ecuador
soc.culture.honduras
soc.culture.latin-america
soc.culture.nicaragua
soc.culture.peru
soc.culture.puerto-rico
soc.culture.uruguay
soc.culture.venezuela

4.3.7. Listas de distribución

Las listas de distribución se basan en la difusión de la información procedente de diferentes fuentes. Cada miembro de la lista envía un mensaje o lee los mensajes sobre un tema enviados separadamente por cada miembro de la lista. Para tener acceso a estas listas hay que suscribirse con un mensaje de bienvenida y con otro para contribuir con mensajes a la lista. Algunas listas son gestionadas por *robots,* otras por personas que actúan como moderadoras que examinan con anterioridad los mensajes y deciden sobre su difusión. Conviene guardar las instrucciones de uso para cuando se desee anular la suscripción. Para suscribirse a una lista se envía un mensaje al servidor correspondiente con el texto siguiente en el cuerpo del mensaje: SUBSCRIBE <nombre de la lista> <su nombre> <sus apellidos>.

ACENTO
Para suscribirse se debe enviar un mensaje a majordomo@intercol.satlink.net

Amigos de Radio 3 (España)
http://www.bcsnetwork.es/foros/radio3.htm
Para suscribirse hay que enviar un mensaje a majordomo@foros.bcsnetwork.es

APUNTES
Recoge debates sobre el español y está organizada por el Departamento de Español Urgente de la agencia española de noticias EFE.
Para suscribirse se debe enviar un mensaje a listserv@eunet.es
Los mensajes a esta lista se enviarán a mail_apuntes@eunet.es

CERVANTES
Lista dedicada a la literatura en lengua española.
Para suscribirse hay que enviar un mensaje a listserv@listserv.acns.nwu.edu
Los mensajes a esta lista se enviarán a cervntes@listserv.acns.nwu.edu

COMEDIA
Lista dedicada al teatro clásico español.
Para suscribirse hay que enviar un mensaje a listserv@listserv.arizona.edu

Derechos-l
Derechos humanos en todo el mundo, pero especialmente en los países de habla hispana.
Para suscribirse se debe enviar un mensaje a derechos-l-request@lists.best.com

ESPAN-L
Lista para profesores de español.
Para suscribirse hay que enviar un mensaje a listserv@vm.tau.ac.il

Español Urgente
Lista de debates sobre el idioma organizada por la agencia española de noticias EFE.
Para suscribirse se debe enviar un mensaje a listserv@eunet.es
Los mensajes a esta lista se enviarán a apuntes@eunet.es

LETRALIA
Lista de literatura latinoamericana.
Para suscribirse hay que enviar un mensaje a listserv@rediris.es

Lista de literatura de la Red Científica Peruana
Lista de correo cuya discusión es principalmente la literatura.
Para suscribirse se debe enviar un mensaje a listasrcp@rcp.net.pe

Literatura Argentina Contemporánea
http://lenti.med.umn.edu/~ernesto/Literatura.html
Lista dedicada a novedades literarias argentinas.

Música-l
Lista con la música del folklore hispánico como tema.
Para suscribirse hay que enviar un mensaje a listserv@alcor.unm.edu

ONG
Lista de discusión para organizaciones nacionales e internacionales de derechos humanos.
Para suscribirse se debe enviar un mensaje a ong-request@lists.best.com

ORFEO
Lista dedicada a la poesía española del Renacimiento y del Barroco.
Para suscribirse hay que enviar un mensaje a listproc@unicorn.acs.ttu.edu
Los mensajes a esta lista se enviarán a nrted@ttacs.ttu.edu.

PERIODISMO
Foro electrónico dedicado al periodismo español y de habla hispana.
Para suscribirse se debe enviar un mensaje a listserv@listserv.rediris.es
Los mensajes a esta lista se enviarán a periodismo@listserv.rediris.es

POESÍA
Lista dedicada a la poesía latinoamericana.
Para suscribirse hay que enviar un mensaje a listserv@unalcol.bitnet

SIGLO-XVIII
El siglo XVIII español e hispanoamericano desde una perspectiva interdisciplinaria: historia, literatura, arte, música, filosofía, derecho, etc.
Para suscribirse se debe enviar un mensaje a mailserv@etsiig.uniovi.es
Los mensajes a esta lista se enviarán a SIGLO-XVIII@etsiig.uniovi.es

4.4. Intercambios escolares

4.4.1. Intercambios entre estudiantes

Agencia cultural Clara
http://webservi.com/clara
El/la joven *au-pair* se dedica al cuidado de los niños de la familia anfitriona y ayuda en las tareas domésticas. También puede, llegado el caso, hacer unas noches de canguro; las condiciones varían según la familia. Para apuntarse al programa se rellena la solicitud que viene en esta página *web*.

Au Pair Service
http://www.hispacom.es/au_pair_service
Con el programa de *Au Pair Service,* los jóvenes pueden pasar una temporada en cualquier parte de Europa, practicando el idioma del país, y convivir como miembros de una familia

que, a cambio de su ayuda en las tareas domésticas leves y en el cuidado de los niños, les ofrecerán alojamiento, manutención y una pequeña remuneración en concepto de dinero de bolsillo.

Intercambio estudiantil internacional

http://www.yfu.org/sp_index.html

A partir del país de residencia habitual, se puede obtener información sobre cómo participar en el programa de intercambio estudiantil, ya sea como estudiante, familia anfitriona o voluntario.

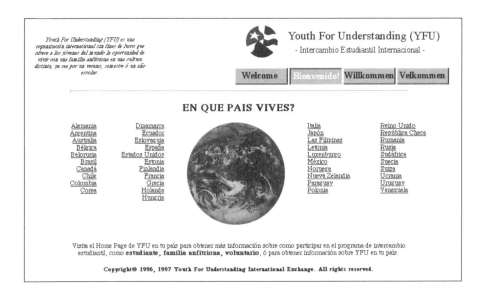

SAS Internacional

http://www.redestb.es/personal/sas_inter

SAS Internacional es una organización de intercambios culturales internacionales que desde sus inicios ha ido introduciendo en España toda una gama de posibilidades para aprender idiomas. SAS Internacional propone cursos de idiomas en el extranjero con alojamiento en familias, la posibilidad de viajar como *au-pair*, de realizar prácticas laborales, intercambios de viviendas, etc.

Webs de escuelas españolas

http://www.idg.es/iworld/199710/articulos/maestrosii.htl

La revista *iWorld* presenta en este número una selección de páginas *web* de escuelas de todo el territorio español, con el objeto de facilitar contactos entre escuelas e intercambios de direcciones.

4.4.2. Programas europeos

Sócrates

http://www.oei.es/socrates.htm

Página *web* española del programa de educación europeo Sócrates. Constituye un compendio del acervo comunitario en el sector educativo, al integrar todos los programas existentes previamente, entre los que destacan Erasmus y Lingua. En esencia es un programa de ayudas económicas, cuyos destinatarios son estudiantes, personal docente y administradores de la educación. Asimismo se dirige a la promoción en los Estados miembros de procesos educativos, con el fin de contribuir a mejorar la calidad de la educación y de introducir en los estudios la dimensión europea, fomentando la cooperación entre los Estados y complementando la acción de estos.

5. Educación y enseñanza

5.1. Universidades y centros de enseñanza

5.1.1. Universidades

España

Canal Pirata Universitario
http://www.geocities.com/CollegePark/Classroom/2661
E-Zine todo interactivo: contiene una guía de universidades, una sección de críticas, un tablón de anuncios, enlaces universitarios, búsqueda en la Red, etc.

Conferencia de Rectores de las Universidades Españolas (CRUE)
http://www.crue.upm.es
Presentación de la *Conferencia de Rectores de las Universidades Españolas,* cuyos fines son promover cuantas funciones y actividades afectan a la promoción, a la gestión y al desarrollo de la educación superior y la investigación universitaria, y fomentar en esos ámbitos la cooperación de las universidades españolas entre sí y con instituciones extranjeras análogas.

GUeb - Gaceta Universitaria
http://www.recoletos.es/gueb
Directorio con universidades de todo el mundo, que permite buscar un *master* o una facultad en la que completar la formación con los programas Leonardo o Sócrates.

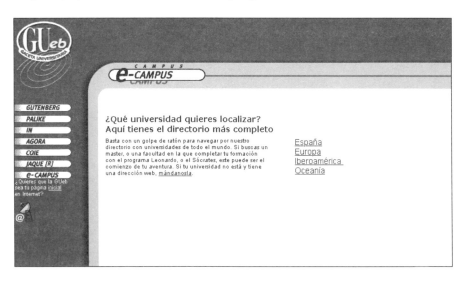

Ministerio de Educación y Cultura
http://www.mec.es
Referencias y textos sobre los temas de mayor demanda: centros escolares, estadísticas educativas del *MEC,* becas, publicaciones, biblioteca del *MEC,* Boletín Oficial del *MEC,* investigación educativa (REDINET), cursos de español para extranjeros. También están disponibles enlaces a los servidores de las Direcciones Provinciales y Consejerías de Educación y Cultura de las Comunidades Autónomas. Otras páginas *web* a las que se puede acceder: Consejo Escolar del Estado, Programa de Nuevas Tecnologías de la Información y de la Comunicación (PNTIC) —que es una página *web* con toda la información de interés para los docentes—, Aldea Digital Centro de Investigación y Documentación Educativa (CIDE). Utilidades de interés para los centros educativos: Plan de Calidad en la Educación, aplicación de la gestión económica, Instituto Nacional de Calidad y Evaluación (INCE) —que se dedica a la evaluación de la calidad del sistema educativo—, etc.

Organismos públicos...
http://www.dat.etsit.upm.es/~mmonjas/instic.html
Organismos públicos, universidades e instituciones de promoción del español. Desde la *Página de la Lengua Española.*

Universidades
http://www.arrakis.es/~ferreira/UNIVER.HTM
Universidades españolas y extranjeras, facultades, departamentos y escuelas de documentación en el mundo. Desde la página *Recursos On-Line en Información y Documentación,* por Miguel Ángel Díez Ferreira.

Universidades de España
http://www.virtualsw.es/netmaster/unis.htm
Listado de enlaces a las distintas universidades españolas (públicas y privadas), y a las facultades y departamentos que tengan páginas propias en la Red.

Universidades españolas (RedIRIS)
http://www.rediris.es/recursos/centros/univ.es.html
Listado completo de universidades en la red de investigación española.

Universidades y Centros de Investigación (RedIRIS)
http://www.rediris.es/recursos/centros/
Listado de centros e instituciones en *RedIRIS* y una clasificación por tipos de centros; puntos centrales de información de las universidades españolas; puntos centrales de información de centros de investigación y tecnológicos; puntos de entrada a las unidades de investigación de hospitales españoles; otras instituciones afiliadas a la red de investigación española.

Hispanoamérica

Directorio de universidades latinoamericanas
http://www.recoletos.es/gueb/ecampus/
Listado de las universidades de América Latina, desde la *Gaceta Universitaria.*

Educación Cibernética
http://www.pananet.com/educacion/
Educación Cibernética facilita el acceso a los recursos didácticos y a sus posibilidades de desarrollo que provee Internet. Al estudiante se le ofrece una serie de enlaces digitales agrupados en cuatro secciones: arte y cultura, ciencias, historia y geografía y matemáticas. El *Área del Docente* está dedicada a brindarle al educador material para enriquecer el ámbito escolar. Los escritos que elaboren maestros y profesores que perfeccionen el proceso enseñanza-aprendizaje los encontrará el usuario en la sección *Colaboraciones de los Docentes.* La biblioteca aloja electrónicamente libros de consulta y textos de suma utilidad.

Organización de Estados Iberoamericanos para educación, ciencia y cultura
http://www.oei.es
El objetivo prioritario de la *OEI* es contribuir a fortalecer el conocimiento, la comprensión mutua, la integración y la solidaridad entre los pueblos iberoamericanos, es decir, los pueblos de lengua española y portuguesa de América Latina y Europa, a través de la educación, la ciencia, la tecnología y la cultura. En las siguientes páginas se presentan las acciones de la *OEI* encaminadas a servir a los Ministerios de Educación iberoamericanos, y por ende al desarrollo de la educación, ciencia y cultura.

Red Quipu
http://www.oei.es/quipu.htm#Seleccion
Información de los sistemas educativos de los países iberoamericanos, desde la página de la *Organización de Estados Iberoamericanos (OEI).*

Universidades iberoamericanas
http://www.ugr.es/~ri/univ.htm
Directorio Internet de universidades iberoamericanas. Desde el Gabinete de Comunicación de la Universidad de Granada.

5.1.2. Otros centros de formación y recursos

Centros de formación
http://www.dices.com
Directorios de centros de formación superior y de postgrado, centros y materias.

Consejo de la Juventud de España
http://www.cje.org/mainesp.htm
Consejo formado por setenta organizaciones juveniles, que tiene como objetivo hacer que la administración y la sociedad conozcan las reivindicaciones de los jóvenes. Entre sus actividades destacan las Jornadas de Formación para la Prevención de la Transmisión del VIH, las Jornadas sobre el Fracaso Escolar y la Campaña por la Tolerancia.

Títulos de formación profesional
http://www.mec.es/fp/
Presenta un catálogo de títulos de formación profesional: familias profesionales y títulos de FP, glosario de términos, resumen de la metodología utilizada para la elaboración del catálogo, elementos esenciales de los títulos. Desde la página *web* del MEC.

5.1.3. Técnicas de aprendizaje

Aprender a aprender

http://www.xtec.es/~cdorado/

"¿Aprender a aprender... enseñar a aprender... o tal vez... aprender a enseñar...?". La intención de los autores es ofertar una página *web* de calidad, de manera obvia en el contenido que trata, pero también en su forma de presentación, añadiendo las últimas innovaciones de tratamiento multimedia en la Red.

Aprendizajes Instrumentales Básicos

http://www.xtec.es/~jcorder1

Los aprendizajes instrumentales son básicos para el desarrollo madurativo infantil, y constituyen la piedra angular donde poder apoyar todo el edificio educativo posterior. En esta página se pueden ver algunos contenidos relativos a las siguientes áreas: matemáticas y resolución de problemas, lengua y lectura comprensiva, frases incompletas, técnicas de estudio y organización del tiempo, trabajo y estudio, inteligencia y concepto, estimación del nivel, y otras cosas como enlaces varios, opiniones, pasatiempos, etc.

Eureka. Técnicas de estudio

http://personal.redestb.es/vyt

Esta página *web* creada por un maestro sigue intentando ayudar en el estudio, aconsejando, dando trucos y remedios para aprovechar el tiempo de estudio y todo aquello relacionado con las técnicas de estudio. También trata el tema de las ofertas de empleo y becas y ofrece conexiones a otras páginas *web* de interés para la cultura y el ocio, así como aporta ideas para profesores.

Física con ordenador

http://www.sc.ehu.es/sbweb/fisica/default.htm

Esta página *web* ofrece un curso de física interactivo. La utilización de estos materiales no sólo está pensada como educación a distancia, sino también para su uso en el aula.

La enseñanza de la tecnología en la ESO
http://www.geocities.com/Athens/Forum/7853/index.html
Estas páginas están dedicadas a la enseñanza de la tecnología en la ESO. Contienen información y materiales de interés para profesores que impartan el área de tecnología. Por César Trujillo Luque.

Mensa España
http://www.mensa.es/
Mensa tiene tres objetivos principales: identificar y fomentar la inteligencia humana en beneficio de la humanidad, estimular las investigaciones sobre la naturaleza, características y usos de la inteligencia, y proporcionar a sus miembros un ambiente intelectual y social estimulante. Esta página *web* propone conversación inteligente, actividades interesantes y oportunidades para ensanchar la mente.

Necesidades Educativas Especiales
http://roble.pntic.mec.es/~fsoto/index.htm
Directorio de recursos en Internet: más de doscientos enlaces a direcciones y recursos en castellano relacionados con las necesidades educativas especiales y la educación especial, comentados y agrupados por bloques temáticos: autismo, down, x frágil, etc.

Recursos para el Aula
http://www.pntic.mec.es/recaula/servidor.htm
Servidor de interés para la educación recopilado por el Ministerio de Educación y Cultura bajo las categorías siguientes: arte, astronomía, ciencias, cursos, educación física, lenguas extranjeras, matemáticas, música, necesidades educativas especiales, salud y nutrición, tecnología, etc.

SuperMemo
http://www.megamega.net/supermem.htm
Presentación y venta de la técnica de aprendizaje rápido —y efectivo— descubierta en Polonia en los años ochenta y todavía hoy en continuo desarrollo; este *software* permite preparar cualquier materia, de manera que la velocidad de aprendizaje y el porcentaje de retención se acerquen al máximo teórico de cada alumno. Definida como la herramienta esencial para aprender.

Teoría práctica de la música
http://www.teoria.com
Espacio dedicado al estudio de la teoría musical.

XTEC
http://www.xtec.es/welcome/webcas.htm
Programa d'Informàtica Educativa del Departament d'Ensenyament de la Generalitat de Catalunya. Este servidor es un sistema de información que pone a disposición del sistema educativo una extensa colección de materiales y recursos con el fin de facilitar y mejorar las actividades de enseñanza-aprendizaje. Sus objetivos son incentivar y promover la integración curricular de la tecnología de la información en la enseñanza primaria y secundaria, facilitar el acceso a información y documentación curricular, distribuir recursos de interés para los docentes, promover actividades de formación a distancia, incentivar la comunicación entre profesores y grupos de trabajo, etc.

5.1.4. Becas y ayudas

Base de datos de BECAS
http://www.mec.es/becas
Base de datos de BECAS del MEC (Ministerio de Educación y Cultura) que contiene información sobre convocatorias de ayudas y becas por parte del MEC y de otros organismos. En ella se puede encontrar información sobre convocatorias en vigor y sobre convocatorias ya cerradas, pero que pueden servir de base para posteriores convocatorias.

Becas, Ayudas y Subvenciones
http://www.mec.es/infobeca.html
Base de datos del Ministerio de Educación y Cultura sobre todas las becas y subvenciones, todos los premios concedidos por varias comunidades autónomas y otras organizaciones gubernamentales como el Parlamento Europeo o el Congreso.

Becas Fulbright
http://www.fulbright.es
Comisión de intercambio cultural, educativo y científico entre España y los Estados Unidos. Oferta becas para españoles.

Círculo de progreso
http://www1.bancoempleo.es/infoestudios/index.html
Círculo de progreso es un centro de información y documentación especializado en las áreas laboral y de orientación académica y profesional. Ofrece los siguientes servicios: bancoempleo *(on-line)* —la mayor bolsa de trabajo que existe en España—, infoestudios *(on-line)* —la única página *web* especializada en información—, programa de orientación académica, programa de información a los universitarios, etc.

Comunidad escolar
http://www.pntic.mec.es/cescolar/
Revista del Ministerio de Educación y Cultura donde se puede encontrar información relevante sobre becas, agenda del profesorado, convocatorias, certámenes, seminarios, etc.

Convocatorias de becas

http://fcae.ua.es/cde/becas.htm

Selección de referencias de convocatorias de becas publicadas en los últimos meses en el Boletín Oficial del Estado (BOE) y en el Diario Oficial de la Generalitat Valenciana (DOGV).

FCAE

http://www.fcae.ua.es

Fundación para la Cooperación Alicante Europa y Centro de Documentación Europea. La finalidad de los CDE es difundir la información sobre la Unión Europea tanto en el ámbito universitario como entre los distintos sectores sociales y económicos de los países en los que se ubican.

Servibeca

http://www.servicom.es/servibeca

Servicio de Información de Ayudas y Becas en cualquier nivel y cualquier disciplina, y para cualquier país del mundo. No se trata de un servicio gratuito. *ServiBeca* realiza una búsqueda en función de los datos personales, formación e inquietudes académicas, y elabora un dossier personalizado y completo, así como facilita direcciones de entidades privadas y organismos públicos de todo el mundo.

5.1.5. Cursos de verano

Cursos de Verano

http://www.um.es/~um-siu/congre/verano.htm

Servicio de información universitario de cursos para extranjeros de la Universidad de Murcia.

5.2. Bibliografía y pedagogía

5.2.1. Investigación bibliográfica y documentación

Bibliografía Latinoamericana

http://www.eurosur.org/CINDOC/alat.htm

Base de datos sobre América Latina. El Centro de Información y Documentación (CINDOC) del Consejo Superior de Investigaciones Científicas (CSIC) produce y distribuye la base de datos referencial bibliográfica ALAT, que recoge la literatura científica española en ciencias sociales y humanas relativa a América Latina: tesis, artículos de revistas científicas, ponencias, informes, compilaciones, etc. Esta base de datos, junto con otros productos de información, está elaborada por el Área de América Latina del CINDOC.

Biblioteca Nacional Española

http://www.bne.es

Presenta los catálogos de la *Biblioteca Nacional* y ofrece la consulta en directo de los libros. Presenta las siguientes secciones: la *Biblioteca Nacional,* las publicaciones, el acceso y horario, la relación de servicios, los proyectos internacionales y los recursos de interés bibliotecario.

Bienvenido a EUROPA

http://europa.eu.int/index-es.htm

Bienvenido a EUROPA es el servidor de la Unión Europea. Permite el acceso a los comunicados de prensa de las instituciones de la UE, al calendario de los próximos acontecimien-

tos, a los tipos de cambio oficiales del ecu, a las últimas estadísticas y a otros servicios relacionados con la actualidad. Ofrece información básica sobre la Unión Europea, los derechos de los ciudadanos y temas clave como el euro y el empleo; y el acceso a los documentos oficiales, a los textos jurídicos, a las publicaciones y bases de datos, y a las fuentes de información. Presenta las siguientes instituciones: Parlamento, Consejo, Comisión, Tribunal de Justicia, Tribunal de Cuentas, Comité Económico y Social, Comité de las Regiones, Banco Europeo de Inversiones, Banco Central Europeo, agencias y otros organismos.

Blume
http://www.blume.net
La editorial *Blume* presenta un catálogo de libros en el que se puede hacer pedidos. Los temas principales son la naturaleza, la ecología, la jardinería, la salud y la vida natural, los viajes, la hípica, la historia, el arte, la arquitectura, la fotografía, etc.

FCAE. Fundación para la Cooperación Alicante Europa
http://www.fcae.ua.es/cde/home.htm
Centro de Documentación Europea. La finalidad de los CDE es difundir la información sobre la Unión Europea tanto en el ámbito universitario como en los distintos sectores sociales y económicos de los países en los que se ubican. Ofrecen una documentación de sumo interés: diario oficial CE, libros verdes y libros blancos, propiedad industrial e intelectual, cotización del ecu, el euro y la UEM, oposiciones UE, convocatorias de becas, ayudas y financiación comunitaria, Europa en la Red, etc.

La Casa del Libro
http://www.cybercentro.com/scripts/tame.exe/libros/index.tam
La Casa del Libro ofrece la oportunidad, a través de Internet, de hacer una búsqueda en la base de datos de la mayor librería de España, y comprar directamente todos los títulos aparecidos en los últimos años, todo ello a través de un cómodo sistema de carrito y base de datos *on-line*. Se puede, asimismo, solicitar cualquier obra del extenso fondo de más de quinientos mil títulos.

Librería Cervantes
http://www.las.es/cervantes/
Librería galardonada con el premio Librero de España 1996.

Libronet
http://www.libronet.es
Red española sobre el mundo del libro, con texto, imagen, animación y sonido. Se pueden hacer consultas, pedidos, etc.

LibroWeb
http://www.libroweb.com/
Tiene un millón de títulos, españoles y de importación. Permite búsquedas por autor, tema, editor, precio o cualquier otra palabra clave. Contiene listas de los libros más vendidos y notas de prensa, y también un servicio de búsqueda SOS e *Infomail.*

Mundi-Prensa Libros
http://www.mundiprensa.es/mprensa/home.html
Contiene las siguientes secciones: Mundi-Libro (con más de cien mil referencias en línea), selección de libros sobre Internet e Infovía, *Mundi-Prensa* suscripciones (con más de veinte mil revistas), Ediciones *Mundi-Prensa, CD-Rom* y publicaciones electrónicas, enlaces a bases de datos bibliográficas, organismos internacionales, etc. Con sedes en Madrid, Barcelona y México.

Véase también 6.2.3., Venta de libros *on-line,* en pág. 155.

5.2.2. Pedagogía y didáctica

Recursos pedagógicos

Centro de profesores y recursos de Segovia
http://web.jet.es/cprsg
Numerosos recursos para profesores y enlaces para obtener información de interés pedagógico a través de la Red: educación infantil, literatura, idiomas, música, filosofía, ciencias sociales, matemáticas, física, tecnología, arte, museos, bibliotecas, periódicos, revistas, ocio, turismo, televisión y radio, organismos públicos españoles, organismos internacionales, etc.

Colección Investigación Didáctica
http://www.edelsa.es/catalogo/07-02.asp
Compuesta por una línea metodológica y otra de trabajo específico en el aula, esta colección aborda rigurosamente la pedagogía del español como lengua extranjera.

Fomento: Institución Educativa
http://www.fomento.edu
Esta página presenta la institución fundada en 1963 por un grupo de padres, profesionales y educadores que constituyeron una empresa educativa con el objeto de ofrecer a la sociedad una educación de calidad, creativa e innovadora. *Fomento* aplica los principios de la educación personalizada a través de investigaciones y proyectos educativos propios que abarcan todo el ciclo escolar, desde los tres hasta los dieciocho años. *Fomento* es hoy una realidad formada por treinta y seis colegios y un centro universitario repartidos en diecisiete ciudades españolas, en los que confían más de dieciséis mil familias que comparten el deseo de educar a sus hijos en valores tales como la libertad, la dignidad y la trascendencia.

La web de los maestros
http://ww2.grn.es/josepss
Enlaces educativos de interés: páginas *web* educativas, maestros, actividades, programas educativos, escuelas, herramientas, etc. Está en español, catalán e inglés.

Programas de Autoformación y Perfeccionamiento del Profesorado de Español como Lengua Extranjera
http://www.edelsa.es/catalogo/07-01.asp
Colección de didáctica que ofrece al profesorado de E/LE una formación permanente a través de temas monográficos y de prácticas directas.

Revistas pedagógicas

AIDIPE. Asociación Interuniversitaria de Investigación Pedagógica
http://www.uv.es/aidipe
Esta página *web* incluye revistas, actividades y enlaces educativos, bases metodológicas de la investigación educativa, recursos y utilidades varias.

Apuntes
http://www.el-castellano.com/apuntes.html
Revista trimestral dedicada a temas referentes al idioma español y a la traducción.

Cervantina Digital
http://www.telebase.es/~cervant/index.htm
Publicación dedicada a la promoción, difusión y defensa de la lengua. Tiene las siguientes secciones: actualidad y opinión, cultura, certámenes, cursos y seminarios, informes lingüísticos, enlaces.

Cuadernos Cervantes
http://www.eunet.es/InterStand/cervantes/
Se puede encontrar la siguiente información: artículos y reportajes que reflejan la situación del español en el mundo; análisis de materiales para la enseñanza del español como segunda lengua; artículos sobre la enseñanza del español para fines específicos; el español entendido como recurso económico; el papel del español en las nuevas tecnologías de la comunicación; bases de datos para textos de referencia.

Espéculo
http://www.ucm.es/OTROS/especulo/
Revista electrónica cuatrimestral de estudios literarios, desde el Departamento de Filología Española de la Universidad Complutense de Madrid.

Idiomanía
http://home.overnet.com.ar/idiomania/
Revista mensual sobre la lengua española desde Argentina. Presenta un resumen de los números anteriores, un glosario para comprender mejor el español, un calendario internacional (guía de eventos, cursos y seminarios), juegos y enlaces a otras páginas relacionadas con los idiomas.

Revista de Educación
http://mini.ince.see.mec.es/revedu/revind.htm
Índices de la revista publicada por la Secretaría General de Educación y Formación Profesional del Ministerio español de Educación y Cultura.

Revista Iberoamericana de Educación
http://www.oei.es/revista.htm
Patrocinada por la Organización de Estados Iberoamericanos, la *Revista Iberoamericana de Educación* es un foro de reflexión y debate sobre las grandes tendencias educativas contemporáneas, con especial incidencia en el área iberoamericana. Estos son algunos de los temas tratados: estado y educación, trabajo y empleo, descentralización educativa, cooperación universitaria, educación y democracia, financiación de la educación, formación y capacitación educativa, mujer y educación, evaluación de la calidad de la educación, etc.

Asociaciones

Academia Norteamericana de la Lengua Española
http://www.georgetown.edu/academia/
La *Academia Norteamericana* integra a creadores, lingüistas, lexicógrafos, ensayistas, investigadores científicos y literarios, historiadores de la lengua y traductores de todas las nacionalidades del mundo hispánico. Se da entrada en ella, también, a hispanistas residentes en Estados Unidos y a sefardíes.

ADIE. Asociación De Informática Educativa
http://www.uclm.es/educa/adie
Sus objetivos son fomentar la informática educativa, promover la formación de personas en las nuevas tecnologías, intercambiar trabajos, ideas, experiencias, etc., entre las personas físicas y jurídicas, evaluar la calidad pedagógica de los productos existentes, etc.

Asociación de Usuarios de Internet
http://aui.es/
El objetivo de esta asociación es promover el uso de las autopistas de la información, fomentando su utilización en los ámbitos profesional y doméstico, dando a conocer el estado de la tecnología, así como protegiendo los intereses de los usuarios. Presenta unas páginas *web* con numerosos enlaces de interés relativos a temas como los siguientes: empresas, padres, bibliotecas, estadísticas, derechos, bolsa de empleo, etc.

Asociación Internacional de Hispanistas
http://www.dartmouth.edu/~aih/
Presenta a la Asociación, cuyo objetivo es el fomento de los estudios hispánicos en todos los países, la organización de congresos en los que los miembros puedan presentar comunicaciones, el estudio de asuntos de interés común referentes a las lenguas y las literaturas peninsulares e iberoamericanas y a los aspectos culturales relacionados con ellas, la publicación de las actas de dichos congresos, y también la colaboración con instituciones internacionales de carácter cultural, como la UNESCO.

Sociedad Suiza de Estudios Hispánicos
http://www.unil.ch/esp/sseh_presentacion.html
Los fines de la *SSEH* son fomentar los estudios hispánicos en Suiza, fomentar la unión y colaboración entre los hispanistas del país, establecer o facilitar la relación entre los hispa-

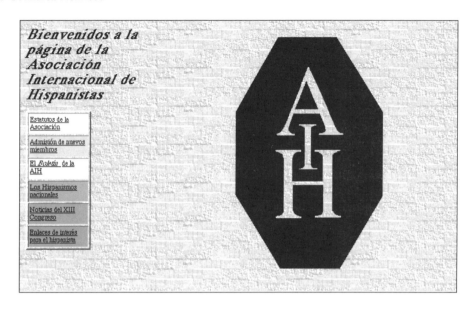

nistas de Suiza y las instituciones, así como promover las asociaciones competentes nacionales y extranjeras, en particular de los países de lengua castellana.

La pedagogía y las nuevas tecnologías

ATE - Acción Tecnológica Educativa
http://www.atenet.edu
Las nuevas tecnologías de la comunicación al servicio del aprendizaje. Estas son sus funciones principales: presenta una acción educativa que permite a los profesores, a los alumnos y, en especial, a las familias, aprovecharse de las nuevas tecnologías de la comunicación para facilitar el aprendizaje; elabora los contenidos educativos y formativos de todas las bases de datos y asume la dirección y coordinación del proyecto de la Escuela Técnica Superior de Ingenieros Industriales de Madrid; desarrolla las aplicaciones, diseña las bases de datos, las actualiza y las mantiene; y asume el asesoramiento para dotar al proyecto de la conectividad óptima a través de Infovía. A través de sus empresas tecnológicas, *ATE* colabora en la interconexión informática de las redes y de los equipos necesarios, y tiene habilitado un centro de apoyo para las familias y los colegios.

Curso de Nuevas Tecnologías y Educación
http://www.uned.es/estudios/pfp/ntedu/curso.htm
Este curso pretende aplicar las redes de la comunicación a los contextos educativos: conocer el papel de las nuevas tecnologías en la enseñanza, valorar el papel de las redes de comunicación (Internet, Infovía) en los contextos educativos, analizar las posibilidades de la realidad virtual y de las futuras tecnologías en contextos de enseñanza y aprendizaje, adquirir una serie de conocimientos tecnológicos mínimos que permitan la elaboración y evaluación de sencillas aplicaciones multimedia, y desarrollar un proyecto de integración de las nuevas tecnologías en contextos educativos.

Educanet
http://www.educanet.net
El objetivo de *Educanet* es aportar la tecnología y los recursos pedagógicos necesarios para facilitar a los educadores los conocimientos e infraestructuras que se requieren para abordar los futuros planes educativos, en los que las tecnologías de la información son parte fundamental.

EduCenter
http://www.educenter.es
La página *web* de la enseñanza, o club virtual de enseñanza en español. Propone aprovechar las nuevas tecnologías de la información en el ámbito de la clase, y cuenta con las mejores herramientas de Internet: empleo del vídeo, *IRC,* colaborar en la revista ED, etc. Índice: profesor en casa, EduClub, guía enseñanza, formación en casa, revista ED, enlaces, buscadores, etc.

Información para profesores
http://www.ciberaula.net/
Por el Instituto Calasanz de Ciencias de la Educación. Las categorías que presenta son: psicopedagogía, formación, pastoral, editorial, revista.

5.3. Diplomas de Español como Lengua Extranjera: DELE

Adquisición de modelos DELE
http://gugu.usal.es/~curespus/deles/adqui.htm
Puesta a disposición de exámenes reales de la última convocatoria. Servicio no gratuito.

Centros de Inscripción en España
http://www.cervantes.es/internet/acad/dele/dele03.html
Lista de los centros de inscripción en España.

Centros de Inscripción en otros países
http://www.cervantes.es/internet/acad/dele/dele04.html
Lista de los centros de inscripción en el resto del mundo.

Convocatorias DELE
http://www.cervantes.es/internet/acad/lgcercon.html
Información acerca de la inscripción: condiciones generales, fechas de examen y plazos de inscripción.

DELE. Diplomas de Español como Lengua Extranjera
http://perso.wanadoo.fr/alfredo.gonzalez/
Información sobre los *Diplomas de Español como Lengua Extranjera* (el Certificado Inicial de Español, el Diploma Básico de Español y el Diploma Superior de Español) que otorga el Ministerio de Educación y Cultura de España tras superar las pruebas correspondientes. Se puede consultar el calendario de exámenes, las condiciones y modalidades de inscripción, estadísticas y materiales didácticos de preparación.

Diplomas de Español como Lengua Extranjera
http://cvc.cervantes.es/aula/dele/
Esta página explica que los *DELE* son pruebas para la obtención del Diploma de Español como Lengua Extranjera, titulación oficial del Ministerio de Educación y Cultura, y ofrece ejemplos de pruebas reales para familiarizarse con este tipo de exámenes y practicar los contenidos lingüísticos.

Estructura y duración de los exámenes
http://www.cervantes.es/internet/acad/dele/dele02.html
Esta página presenta en detalle la estructura y la duración de cada tarea de los tres diplomas oficiales de Español como Lengua Extranjera.

Guía para la obtención de los DELE
http://gugu.usal.es/~curespus/deles/intro.htm
Expone las características de los *DELE:* nivel de exigencia, creación y corrección de exámenes, condiciones para la inscripción en los exámenes, desarrollo de las pruebas, comunicación de resultados, plazo de reclamaciones y envío del diploma, fechas y lugares de realización de los exámenes.

Preparación de exámenes. Edelsa
http://www.edelsa.es/edelsa/prepaexa/prepaexa.htm
Una serie de ejercicios y actividades encaminados fundamentalmente a desarrollar las destrezas de la expresión oral y escrita y de la comprensión oral y escrita, según el esquema de las pruebas para la obtención del Certificado Inicial, del Diploma Básico y del Diploma Superior (Ministerio de Educación y Cultura, Instituto Cervantes y Universidad de Salamanca).

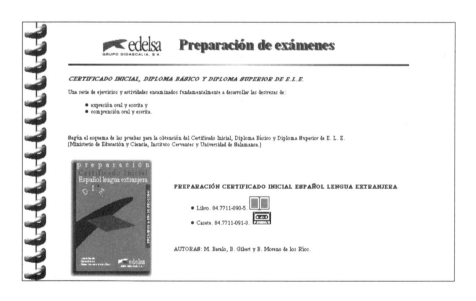

5.4. Editoriales y librerías

España

Base de datos del ISBN español
http://www.mcu.es/bases/spa/isbn/ISBN.html
Registro oficial de todas las publicaciones realizadas anualmente en España. Contiene más de seiscientos cincuenta mil documentos, e incluye todos los libros editados en España desde el año 1966. Desde el Ministerio de Educación y Cultura.

Directorio de editoriales españolas
http://www.megalibro.com/Editoria.htm
Desde la página de *Megalibro,* las editoriales están clasificadas por orden alfabético.

Edelsa-Español como Lengua Extranjera
http://www.edelsa.es
Para obtener información de los materiales publicados sobre español como lengua extranjera por la editorial.

Guía de Editores de España
http://www.diret.com/editores/
Página para la búsqueda de editoriales. La guía presenta, ordenados alfabéticamente, enlaces a páginas o catálogos de editores españoles con presencia en Internet. Permite la búsqueda de títulos editados en España, a través de la base de datos del ISBN del Ministerio de Educación y Cultura. Contiene registros de todos los títulos editados en España desde el año 1972.

Publicaciones electrónicas
http://www.dat.etsit.upm.es/~mmonjas/publ.html
Ofrece distintos registros y directorios: base de datos del ISBN español, registro oficial de todas las publicaciones hechas anualmente en España; guía de editores de España; listado de editoriales españolas presentes en la Red; completo directorio de las publicaciones en lengua española en la Red. Desde la *Página de la Lengua Española.*

Hispanoamérica

Andrés Bello
http://www.librochile.cl/andresbello
Contenido de la página: la empresa, las librerías, el catálogo editorial *Andrés Bello,* el catálogo jurídico, el catálogo de educación, *El mundo mágico de los libros,* etc.

Editorial Universidad
http://www.nat.com.ar/universidad/
Contenido temático: catálogo de obras, locales en Argentina, consultas y pedidos, novedades del mes.

Emecé Editores
http://www.emece.com.ar
El catálogo electrónico ha sido diseñado para brindar a los visitantes de la página *web* el listado actualizado de las obras que se publican. La búsqueda se realiza por el título de la obra y/o su autor, y se puede acceder también a textos informativos sobre cada libro. Se completa el catálogo electrónico con un listado de novedades.

Fondo de Cultura Económica
http://mexplaza.udg.mx/fce/
Contenido de la página: historia del *Fondo de Cultura Económica,* autores, directorio, eventos culturales, librería virtual, etc.

6. Empresas, comercio, negocios y empleo

6.1. Mundo empresarial

6.1.1. Directorios de empresas

Busca empresas
http://www.buscaempresas.com/
Buscador específico de empresas. La búsqueda se realiza por nombre, ciudad o provincia y se puede dar de alta a una empresa en diferentes idiomas.

Ciberguía. Páginas amarillas
http://www.cyberguia.com
El núcleo principal es un directorio profesional. Está organizado por epígrafes de negocio (maderas, publicidad, turismo, etc.) y los datos de que consta son direcciones postales y teléfonos. En muchos casos se incluye un enlace a la página *web* de la empresa.

Empresas españolas con web
http://www.ictnet.es/tonet/empresas.htm
Directorio de empresas españolas que tienen página *web,* clasificadas por actividad económica y por provincia.

Forum21
http://www.forum21.net
Forum 21 es una base de datos en la que empresas y particulares se apuntan gratuitamente para dar a conocer lo que quieren comprar.

Gran Vía Internet
http://www.viaplus.com/granvia
Directorio profesional y empresarial donde se pueden encontrar todas las empresas españolas de cada uno de los sectores. Dispone de un foro comercial y de enlaces al mundo mercantil.

Guía de empresas y marcas de España
http://www.conexionspot.es/empresas.html
Descripción de las empresas y marcas españolas relativas a los siguientes sectores: alimentación, almacenes, arte, cerámica, cultura, deportes, educación, fábricas, industrias, maquinaria, ocio, organismos oficiales, prensa electrónica, servicios, suministros generales.

¡Guíame! de ESADE
http://www.guiame.net
Para las empresas que quieran estar al corriente, día a día, de lo que pasa en los sectores económicos de España: esta página *web* reúne más de treinta y dos mil artículos de prensa, cinco mil referencias de empresas y organismos públicos y unas mil doscientas páginas *web,* así como informaciones relacionadas con la macroeconomía.

Indexcol: el directorio de empresas colombianas en Internet

http://www.indexcol.com

Este directorio permite encontrar las empresas colombianas gracias a una lista alfabética o de temas. También se puede reservar un billete en vuelos nacionales y conocer la metereología del país.

Interpyme: índice de empresas españolas

http://www.interpyme.com

Interpyme es la página *web* española dedicada exclusivamente al servicio de la PYME (Pequeña y Mediana Empresa) y es el mayor directorio empresarial de PYMES españolas en Internet, con una base de datos de más de tres mil empresas con página *web* propia. La búsqueda se realiza por nombre, provincia o por cualquier palabra relacionada con la empresa. Ofrece también enlaces a sitios de interés para PYMES, como cámaras de comercio, organismos oficiales, índices de bolsa, periódicos financieros, colegios profesionales, etc.

Kilómetro cero - Negocios

http://www.km0.com/negocios/indice.htm

Página dedicada a los negocios. Presenta los siguientes contenidos temáticos: el euro, manual de conceptos básicos bancarios, las asociaciones empresariales, los bancos, la bolsa, las cajas de ahorro, las consultorías, el empleo, las finanzas, los fondos, las cien mayores empresas, prensa y revistas económicas, revistas de política, etc.

Páginas amarillas

http://paginas-amarillas.es

Telefónica ofrece aquí su guía *on-line:* más de un millón y medio de empresas y servicios.

6.1.2. Cámaras de comercio

Cámara de Industrias del Uruguay

http://www.ciu.com.uy

La *Cámara de Industrias del Uruguay* es la entidad empresarial representativa del sector industrial del país, que tiene como finalidad la promoción de los intereses de la industria nacional, la defensa de sus derechos y la estimulación del desarrollo industrial del país.

Cámara Oficial de Comercio e Industria
http://www.camaramadrid.es
La *Cámara Oficial de Comercio e Industria* informa a las empresas sobre sus posibilidades de negocio fuera de España. Organiza misiones comerciales en el extranjero y facilita también información sobre ferias y exposiciones, tanto en España como en el extranjero. Por otra parte, mediante las bases de datos de organismos españoles en el extranjero y organismos extranjeros en España, así como las cámaras de comercio e industria del mundo, aporta información para el establecimiento de contactos y la utilización de los canales de comunicación.

Cámaras de Comercio de toda España y América
http://www.camarasdecomercio.com
Directorio de cámaras de comercio del continente americano y de España, distribuido geográficamente.

Cámaras de Comercio Iberoamericanas
http://colmich.cmich.udg.mx/simorelos/dircam.html
Lista de enlaces a las páginas *web* de varias cámaras de comercio latinas.

Consejo de las Cámaras de Comercio
http://www.camerdata.es
Página dedicada a las cámaras de comercio españolas: fichero de empresas españolas, área de información empresarial, oferta comercial, guía del empresario.

Externa
http://www.externa.com
Guía del comercio exterior, con información y oportunidades para el comercio con países como Argentina y Brasil. Es también un lugar adecuado para buscar una empresa del Mercosur: aquí se encuentran miles de empresas, información, oportunidades y todo lo que se necesita para incrementar el comercio con o desde Argentina.

Federación de Cámaras de Comercio Iberoamericanas en España
http://www.cideiber.com
Información sobre Brasil, Colombia, México y Venezuela; censos de importadores de los países iberoamericanos; oportunidades comerciales.

6.1.3. Bancos

España

Argentaria
http://www.argentaria.es/
Ofrece información a particulares, empresas y jóvenes sobre la agroalimentación, las instituciones, los fondos y las hipotecas. Pone también a disposición de los usuarios un diccionario empresarial.

Banco Bilbao Vizcaya (BBV)
http://www.bbv.es
Página dedicada a los productos financieros que ofrece el *BBV:* banco a distancia y tiendas *BBV*, información sobre su fundación, atención al cliente, catálogo de productos, servicio de estudios.

Banco de España
http://www.bde.es/
El *Banco de España* es el banco central que, de acuerdo con la Ley de Autonomía por la que se rige, participa en el desarrollo de las siguientes funciones básicas del Sistema Europeo de Bancos Centrales: definir y ejecutar la política monetaria de la Comunidad —con el objetivo principal de mantener la estabilidad de precios en el conjunto del área del euro—, ejecutar la política cambiaria y realizar operaciones de cambio de divisas que sean coherentes con las disposiciones del artículo 109 del Tratado de la Unión Europea —así como poseer y gestionar las reservas oficiales de divisas de los Estados Miembros—, promover el buen funcionamiento del sistema de pagos y emitir los billetes de curso legal. El *Banco de España* ofrece también los tipos de conversión irrevocables del euro.

Banco de Finanzas e Inversiones
http://www.fibanc.es/
Presentación del grupo, productos y servicios, bolsa, noticias, cartera, etc.

Banco de inversión
http://www.bancoinversion.es/
El *Banco de inversión* es un banco de gestión privada, especializado en inversiones nacionales e internacionales, que busca la mayor rentabilidad financiero-fiscal y que mantiene un excelente índice de solvencia.

Banco de Santander
http://www.bsantander.com/
Presentación del grupo, de la red de oficinas, de sus productos y de sus servicios. Permite también la consulta del banco a distancia por el cliente.

Banco Popular Español

http://www.bancopopular.es

Banca electrónica en tiempo real que permite realizar las operaciones bancarias más habituales: consultas generales de cuentas, traspasos y transferencias, consulta de divisas y billetes, operaciones con valores y fondos de inversión, operaciones con productos de previsión, cotizaciones de bolsa, domiciliación de recibos y otras informaciones (historia, organización, datos financieros, red de sucursales, simulaciones, el euro, etc.).

Banco Sabadell

http://www.BancSabadell.es/

Presentación de la actividad y de los servicios de esta banca privada.

Banesto - Banco Español de Crédito

http://www.banesto.es/

Este es el índice temático del contenido: particulares, profesionales, negocios, agroBanesto, oficina Internet, comercio electrónico, empresas, grupo *Banesto,* última hora, noticias, directorio Internet, *web* ciclista, buscador, buzón.

Hispanoamérica

Banco Central de Chile

http://www.bcentral.cl

Información sobre el banco y sus funciones (cómo asegurar la estabilidad de la moneda), su organización, sus estatutos y su historia. Este sitio ofrece también información económica.

Banco Central de la República argentina

http://www.bcra.gov.ar/

Entidad autárquica del Estado nacional cuya misión primaria es preservar el valor de la moneda. Ofrece las siguientes secciones: información institucional, publicaciones, entidades financieras, estadísticas, normativa legal y reglamentaria, balances del *BCRA*, contrataciones, billetes y monedas, biblioteca, consultas a bases de información, año 2000, otros organismos.

6.1.4. El euro

BBV - Euro

http://www.bbv.es/BBV/euro/eurohome.htm

BBV propone conocer mejor la moneda europea a través de secciones tales como *La Unión Monetaria Europea, El camino hacia el euro, Instituciones de la UEM, El euro y los mercados financieros, ¿Cómo nos afecta el euro?, Euro consultorio.*

Bolsa de Madrid

http://www.bolsamadrid.es/rectora/estudios/euro.htm

Propone información general sobre los miembros, las empresas, el euro. Presenta un boletín, una revista, un resumen de la sesión y destaca los hechos relevantes.

CTV: El euro, moneda europea

http://www.ctv.es/euro

Ante la próxima desaparición de las monedas europeas y la llegada del euro en el año 2002 a nuestros bolsillos, *CTV* pretende divulgar los cambios que se avecinan.

Euro

http://europa.eu.int/euro

Esta página ofrece lo esencial sobre el euro: las monedas y los billetes, significación del signo del euro, los tipos de conversión del euro, los textos de referencia, los comunicados de prensa. La sección *El euro y usted* permite al usuario elegir un área de interés, consultar los indicadores estadísticos, etc.

Euro Web
http://www.euro-mech.com
Ventajas del euro, calendario del euro, preguntas y respuestas sobre el euro, el euro y la empresa.

IBM Euro Site
http://www-5.ibm.com/euro/es/index.html
IBM propone un *EuroEscaparate* para conocer la completa gama de soluciones IBM para el euro. Con las siguientes secciones: *EuroBase, EuroYa, EuroEscaparate, EuroConocimiento y EuroBiblioteca.*

6.1.5. Compañías de seguros

Mapfre
http://www.mapfre.com/
El sistema *Mapfre* es un grupo empresarial español independiente que desarrolla actividades aseguradoras, reaseguradoras, financieras, inmobiliarias y de servicios en España y en otros veintiséis países. La entidad principal del sistema es *Mapfre* Mutualidad, que opera de forma especializada en el seguro de automóviles en España.

Seguros Catalana Occidente
http://www.catalanaocci.es/
Catalana Occidente, bajo el lema "Gente Segura", es una compañía de seguros multiramo de ámbito español con una historia de más de ciento treinta años. *Catalana Occidente* tiene más de trescientas treinta oficinas y más de cien sucursales en todo el territorio nacional para poder operar allí donde se necesite.

6.1.6. Sociedades de valores y bolsas

Beta Capital
http://www.betacapital.es/
Beta Capital es un grupo de sociedades financieras, pionero en el mercado de capitales español, y cuyas principales actividades incluyen las siguientes: banca privada, gestión de carteras, fondos y sociedades de inversión, fondos de pensiones, intermediación de renta fija pública y privada, intermediación en bolsa, contratación de opciones y futuros, departamento de análisis macroeconómico y bursátil, etc.

Bolsa de Barcelona
http://www.borsabcn.es/
Ofrece las siguientes informaciones generales: datos básicos, mercados y servicios, financiación PYMES, protector del inversor, publicaciones, notas de prensa, direcciones de interés. *Databolsa* es un servicio de información sobre los mercados.

Bolsa de Bilbao
http://www.bolsabilbao.es/
Estos son algunos de los servicios ofrecidos por *Bolsa de Bilbao:* contratación, liquidación de valores y efectivo, información y documentación, supervisión del mercado y asesoría legal, servicios especiales en operaciones financieras complejas, atención específica para los emisores, mantenimiento del libro registro de accionistas, formación bursátil y financiera.

Bolsa de Madrid
http://www.bolsamadrid.es/
Información sobre los valores y las empresas cotizadas, en las siguientes categorías: miembros, empresas, directorio, estadísticas, boletín y revista de la Bolsa.

Comisión Nacional del Mercado de Valores
http://www.cnmv.es/
La *Comisión Nacional del Mercado de Valores (CNMV)* es el organismo encargado de la supervisión e inspección de los mercados de valores españoles y de la actividad de cuantos intervienen en los mismos. Su objetivo es velar por la transparencia de los mercados de valores españoles y la correcta formación de precios en los mismos, así como la protección de los inversores. La *CNMV* promueve la difusión de cuanta información sea necesaria para el cumplimiento de estos fines, a través de sus registros públicos, sus publicaciones y de cualquier otro medio a su alcance.

General de Valores y Cambios
http://www.gvc.es/
Propone en particular la *Bolsa Joven,* servicio destinado a las personas de dieciocho a noventa años que quieran iniciarse en el mercado de renta fija, renta variable y productos derivados. *Bolsa Joven* sirve para empezar en bolsa, tanto nacional como internacional.

Hispavista
http://www.hispavista.com/bolsa/
Ofrece las siguientes secciones: guía del euro, estadísticas del mercado, *chat* bolsa —charla en tiempo real sobre la bolsa—, foro de debate, discusión sobre el futuro de la bolsa, el mercado continuo de la bolsa de Madrid, índices de los mercados, fondos de inversión, mercado de divisas, tipos de interés, etc.

Renta 4
http://www.renta4.es/
Sociedad de Valores y Bolsa es una empresa independiente dedicada a proporcionar servicios de inversión, con un alto componente de valor añadido y asesoramiento personalizado.

Sociedad de bolsas
http://www.sbolsas.es/
Sistema de interconexión bursátil que ofrece a la comunidad financiera un nuevo canal en la difusión de información relevante sobre el mercado.

6.2. Comercio

6.2.1. Escaparates comerciales

Adolfo Domínguez
http://www.adolfodominguez.es
Presentación del grupo con el inconfundible estilo de la moda de *Adolfo Domínguez.*

Aerolíneas Argentinas
http://www.aerolineas.com.ar/
Información, novedades y reservas. Permite conocer los horarios de vuelos y tarifas y consultar la disponibilidad de cada vuelo.

Alcampo
http://www.alcampo.es/
Estas son las secciones a las que se puede acceder: presentación de la empresa, compra *on-line,* atención al cliente, tarjeta *Alcampo,* seguridad de la compra.

Bodegas González Byass
http://www.gonzalezbyass.es/
Presentación de los productos de la compañía *González Byass* —jerez, brandy, rioja, cava, licores y vinagre— y de sus marcas respectivas: el jerez Tío Pepe, el brandy Soberano, etc.

Bodegas Osborne
http://www.osborne.es/
Presentación del Grupo *Osborne,* de sus productos, de su distribución, de las empresas del grupo y del Toro *Osborne:* la historia de la famosa silueta y el debate que ha provocado.

Chocolates Valor, S.A.
http://www.valor.es/
Historia, productos y franquicias de esta empresa chocolatera fundada en 1881.

Codorniú
http://www.codorniu.es/
Bodegas, productos, elaboración, novedades y enlaces a otros sitios de interés.

Continente
http://www.continente.es/
Presenta las secciones siguientes: hipermercados, centros *Continente* —restaurante Gofy, autocentros Feuvert, centros Shopping, servicios financieros, accionistas—, información —noticias, promociones, productos españoles, servicios, marcas propias—, tarjeta ágil, atención al cliente —sugerencias, encuesta—.

Cortefiel
http://www.cortefiel.es
Presentación de la colección, promociones, recursos humanos, club *Cortefiel,* sugerencias.

DHL Chile
http://www.dhl.cl/
Empresa de mensajería y correo con gran implantación en el territorio chileno.

Don Algodón
http://neptuno.cestel.es/donalgodon/index.htm
Presentación de la colección, tiendas, recursos humanos, club *Don Algodón,* sugerencias.

El Corte Inglés
http://www.elcorteingles.es/
Presenta las empresas del grupo —informática, centro de seguros, Editorial Centro de Estudios Ramón Areces S.A., Viajes *El Corte Inglés,* La Tienda en Casa, etc.—.

Endesa
http://www.endesa.es
Información del grupo y de las empresas que lo conforman.

Iberdrola
http://www.iberdrola.es
Una de las principales empresas eléctricas de Europa, también presente en los sectores de las nuevas energías.

Informática El Corte Inglés
http://www.ieci.es
Página de la sección de informática de *El Corte Inglés,* que representa una de las primeras empresas de venta de ordenadores.

La Casera
http://www.lacasera.es/
Sitio original que transporta hacia "la experiencia más refrescante". Pretende dar rienda suelta a lo mejor del ciberespacio, según el lema "la Libertad: muévete como quieras, donde quieras, cuando quieras".

Lladró
http://www.lladro.es/
Página sobre el mundo de la porcelana artística *Lladró:* su historia, sus creaciones, la riquísima tradición de la que forma parte, cómo nacen sus obras. Además, se pueden conocer en primicia las últimas novedades que se incorporan a cada una de las colecciones, y descubrir muchos otros datos de interés.

Lotus España
http://www.lotus.com/spain
Página de la empresa de soportes y recursos informáticos de la misma marca. Ofrece información sobre sus servicios, sus productos, la formación humana y la bolsa de trabajo.

Lufthansa
http://www.lufthansa.es
Compañía aérea alemana con implantación en España: consulta de los horarios, las ofertas, etc.

Mango
http://www.mango.es/
Presentación de la empresa, de las tiendas, de las franquicias y de los productos.

Mercamadrid informa
http://www.mercamadrid.com/
Ofrece información sobre las instalaciones, servicios y transacciones comerciales de la que es la mayor unidad alimentaria de España y segunda de Europa.

1880 El turrón más caro del mundo
http://www.turron1880.com/
Presentación del turrón "más caro del mundo", cuya elaboración es totalmente artesana, con componentes rigurosamente seleccionados. Se puede acceder al catálogo de productos, al museo del turrón, a la sección de historia, etc.

Milano
http://www1.cortefiel.es/milano/milano.htm
Presentación de la colección, recursos humanos, tiendas *Milano* y sugerencias.

Prosegur
http://www.prosegur.es
Primer grupo español de empresas especializadas en servicios de seguridad y vigilancia.

Pryca
http://www.pryca.es/
Presenta las secciones siguientes: histórico, centros comerciales, secciones comerciales, marcas propias, servicios, filiales, informes anuales.

Springfield
http://www1.springfield.es/springfield/index.htm
Presentación de la empresa, la colección, los recursos humanos, etc.

6.2.2. Compras *on-line*

Argus Serveis Telemàtics
http://argus-st.com/
Argus Serveis Telemàtics presenta una oferta global de tecnologías Internet para aplicaciones profesionales y pretende satisfacer todas las necesidades que exige la aplicación de Internet en una empresa; gestiona todo lo necesario y ofrece desde el diseño de una página *web* hasta la implementación de una Intranet en una red corporativa, consiguiendo así proponer un servicio completo.

Esc@parate
http://www.escaparate.com
El centro comercial virtual más grande de España.

Hilo Musical - Lo mejor de la música
http://www.hilomusical.com
T & Hilo es una empresa del grupo Telefónica, adscrita a Telefónica Multimedia y dedicada a comercializar el servicio *Hilo Musical,* que transmite, vía cable telefónico, seis canales musicales orientados a la ambientación sonora de locales públicos, de trabajo y domicilios particulares mediante la emisión de contenidos eminentemente musicales durante veinticuatro horas al día, todos los días del año y sin ningún tipo de interrupción publicitaria.

HitXop
http://www.hitxop.es
La *cybertienda* de música más importante de habla hispana: tienda de música y vídeo por correo y por teléfono.

La tienda en casa
http://www.centrocom.es/latiendaencasa
Propone una amplia selección de artículos para comprar *on-line,* siempre a los mejores precios y con la mejor garantía.

Made in Spain
http://mades.kaos.es/mercado.htm
Paseo por un mercadillo virtual donde se puede comprar de todo: desde libros antiguos hasta muebles de diseño, pasando por abrigos de visón.

Stylo - Perfumes y Cosméticos
http://www.stylo.es/es/web.htm
Amplio catálogo de perfumes y productos cosméticos para mujeres. Para realizar compras *on-line.*

Zapatería virtual interactiva
http://www.calzashoe.com/
Envío directo de fábrica en veinticuatro horas. Ofrece al comprador toda clase de modelos que pueden adquirirse a través del servidor con tarjeta de crédito.

6.2.3. Venta de libros *on-line*

La librería
http://www.lalibreria.com/
Dispone de un amplio catálogo de libros clasificados por temas. La página incorpora un motor de búsqueda y los pedidos se efectúan a través de un formulario.

Megalibro
http://www.megalibro.com
Para conocer la actualidad y las novedades del mundo editorial y comprar libros.

6.2.4. Vivienda *on-line*

Alquiler
http://www.alquiler.com/espana/PISO.HTM
Búsqueda de pisos por selección de la región, del tipo de piso y de su descripción.

Bolsa Oficial Inmobiliaria

http://www.hispaworld.es/coapi/boiesp.htm

Aquí podrá encontrar toda la oferta de los agentes de la propiedad inmobiliaria de España.

Buscapiso

http://www.buscapiso.com

Búsqueda gratuita de pisos, casas, apartamentos, torres, viviendas unifamiliares, locales, naves y solares.

CasaMadrid

http://www.casamadrid.com

Propone rellenar un formulario indicando qué inmueble se necesita y cuáles son las características según los gustos o las necesidades. Tras la selección se recibe un completo informe con las viviendas seleccionadas.

Comunidades de propietarios

http://www.comunidades.com

Se recogen aquí tanto las disposiciones y leyes relacionadas directamente con las comunidades de propietarios, como las que pueden englobarse dentro de la categoría de legislación inmobiliaria, junto con una selección de textos legales de carácter general, cuyo acceso puede interesar tanto a los profesionales como a los copropietarios, completando la información con una selección de enlaces legislativos de interés, donde se encontrarán contenidos de utilidad, que puedan tener alguna relación con las comunidades y el derecho.

Don Piso

http://www.donpiso.com

Base de datos con más de siete mil cien viviendas y noventa y ocho delegaciones donde se puede vender un piso.

Pryconsa

http://www.pryconsa.es

Empresa líder en el sector inmobiliario, *Pryconsa* cuenta con más de treinta mil viviendas construidas, lo que conforma el aval más importante para aquellas personas que estén buscando una vivienda para vivir o para pasar periodos vacacionales, un local u oficina para instalar su negocio o, simplemente, un valor seguro donde invertir su dinero.

Sasi

http://www.sasi.es

Con la seguridad de encontrar rápidamente la vivienda que se está buscando, o aprovechar la mejor opción a la hora de vender una propiedad. Ofrece una solución integral para cada cliente, poniendo a disposición de los mismos un excelente asesoramiento en cuestiones legales, así como otorgándoles un trato preferencial en el capítulo de las hipotecas.

6.2.5. Medios de pago y dinero digital

Visa Internacional

http://www.visa.es/

Visa es la marca de medios de pago líder no sólo en España, sino en todo el mundo. Con la tarjeta *Visa* se pueden efectuar pagos o realizar compras en los más de 15,4 millones de puntos en los que es aceptada, repartidos en doscientos cuarenta países de los cinco continentes.

6.3. Empleo a través de la Red

Bolsa de trabajo DIGIGRUP
http://www.digigrup.com/empleo
Búsqueda de ofertas de empleo y de currículos. Ofrece la posibilidad de poner su propio currículum *on-line.*

Centro de empleo on-line en España
http://www.bolsatrabajo.com
Permite insertar o borrar anuncios de ofertas de empleo, buscar por profesionales, consultar ofertas de empleo privado o público, introducir o modificar un currículum, así como obtener información sobre becas, ayudas y subvenciones.

Emplea
http://www.treelogic.com/emplea
Ayuda al desempleado, consultas de currículos que han insertado particulares del mundo entero, búsquedas de ofertas de empleo, etc.

Infoempleo
http://www1.infoempleo.es/infoempleo/index2.html
En *Infoempleo* se puede encontrar todo tipo de informaciones relativas al mundo laboral: ofertas de empleo privado como primer empleo o teniendo ya experiencia y prácticas, ofertas de empleo público con contratos laborales o administrativos, además de servicios para empresas, etc.

Job World
http://www.itjobworld.com
JobWorld es un servicio gratuito de información y divulgación a través de Internet de la actual oferta de empleo relacionada con las tecnologías de la información. Es una plataforma *web,* interactiva y permanentemente actualizada, que permite el encuentro de la oferta y de la demanda de personal informático. Su objetivo es que las empresas resuelvan las necesidades de personal por la vía más rápida y efectiva, y que los profesionales de la informática y de las comunicaciones conozcan los puestos que el mercado ofrece en cada momento y aprovechen las oportunidades generadas por su área de actividad.

Mercabase
http://www.mercabase.com/
Aquí se puede enviar un currículum para que sea consultado por empresas. Dispone de un buscador que permite encontrar con más precisión el trabajo adecuado, y de una base de datos totalmente gratis.

Mercado Virtual
http://www.mercado-virtual.com
Anuncios clasificados no solamente para vender o comprar, sino también para poder encontrar un trabajo o una persona para un puesto.

Tablón de anuncios
http://www.eltablon.com
Completa página donde insertar cualquier anuncio, incluso para buscar un trabajo. La sección del empleo es muy detallada y se divide en subsecciones como teletrabajo, enseñanza, etc.

Trabajos *Online*
http://www.trabajos.com
Trabajos Online está especializado en la suministración de servicios de información sobre ofertas de empleo, currículum, candidatos para puestos de trabajo y empresas que buscan personal. El motor de búsqueda permite consultar selectivamente, de una forma rápida y cómoda, tanto las ofertas que han insertado las empresas, como los currículos de los candidatos que se encuentran en la base de datos siempre actualizada.

6.4. Material didáctico

Roycan
http://www.roycan.com/sp/index.html
Empresa dedicada a montar aulas de idiomas en sus distintas modalidades: audiosistema, multimedia, portátil, etc. Dispone además de material multimedia adecuado para el aula de idiomas.

7. Internet y navegación

7.1. Proveedores

Dios proveerá
http://www.areas.net/dp/
Estos son los servicios que ofrece: guía de la conexión a Internet en España; relación alfabética de proveedores; información sobre más de cuatrocientos quince proveedores clasifi-

cados por secciones y orden alfabético y ciento cincuenta y nueve servicios de valor añadido; información sobre precios, opiniones y proveedores recomendados, estudios comparativos, pruebas de velocidad; diccionario de los términos que se deben conocer; etc.

7.2. Selección de páginas *web*

Las Webs recomendadas Lucera
http://lucera.hypermart.net/luceralist.htm
Lista completa de las páginas *web* recomendadas por Lucera.

Los 100 sites más visitados
http://www.arroba.es/aimc/html/encues/100a.html
Macroencuesta para tabular las cien páginas *web* que los entrevistados han declarado visitar con más asiduidad.

Los mejores 150 sitios Web
http://www.idg.es/scripts/bbdd/articulos/iworld/ShowID.idc?idc.ID=28833
Desde la revista *iWorld,* clasificados por categorías en la sección *De viaje por la Red.*

Selección de los 60 sitios Webs
http://www.idg.es/iworld/199810/articulos/60sitiosweb.p
Desde la revista *iWorld,* clasificados por categorías.

7.3. Internet gratis

7.3.1. Buzones de correo electrónico

Correo.Com
http://www.correo.com/correo.idx.es.html
Correo.Com ofrece la posibilidad de tener una única dirección de correo y escoger lo que
el usuario desee hacer con su correspondencia: dirigirla al buzón de correos que le proporciona su proveedor o bien almacenar sus mensajes en el buzón de tamaño ilimitado, puesto a su disposición por *Correo.Com,* para luego recogerlos con cualquier programa de
correo electrónico.

CorreoWeb
http://www.correoweb.com
Servicio de *e-mail* gratis en castellano y hecho en España.

ISA - Direcciones útiles
http://www.isa.es/iswb5000.htm#utilidades
Lugar donde se puede encontrar toda clase de programas para "descargar": aplicaciones,
archivos, calendarios, contadores de acceso, correo, desarrollo de tutoriales, encuestas,
enlaces —generadores y chequeadores, estadísticas, imágenes, librerías, servidores de voz,
utilidades para mantenimiento, etc.—.

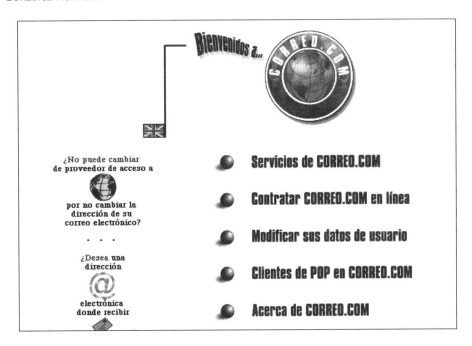

Lanzadera

http://www.lanzadera.com

Permite tener una dirección virtual más facil de recordar sin tener que mover las páginas de servidor, ayuda a promocionar las páginas, permite mantener la misma dirección aunque se la cambie de sitio, etc.

LatinMail

http://www.latinmail.com

Este servicio de *e-mail* gratis cuenta ya con más de trescientos mil usuarios y está basado en una página *web:* esto significa que el usuario no tiene que configurar ningún programa de correo para utilizarlo, sino que puede enviar y recibir mensajes dentro del sitio *Latin-Mail.*

Lettera

http://www.lettera.net

Servicio apoyado por una de las grandes comunidades hispanas en Internet.

Mediaweb

http://www.mediaweb.es

Permite disfrutar gratuitamente con un revolucionario servicio de correo electrónico, transmisión de ficheros y charlas *on-line;* además se pueden generar automáticamente las propias páginas *web* y disponer de un espacio, correspondiente a un mega, en este servidor, todo completamente gratis.

Mixmail

http://www.mixmail.com

Acceso al correo desde cualquier lugar: dirección permanente de *e-mail,* privacidad y seguridad, total accesibilidad.

Planeta Latino
http://www.planetalatino.com
El buscador *Yupi* y la ciudad virtual *Civila* ofrecen un servicio de correo electrónico gratuito.

YupiMail
http://www.yupi.com/email/reg/
Nuevo servicio de correo electrónico del conocido buscador en castellano.

7.3.2. Aplicaciones y generadores

Es Gratis
http://members.xoom.com/esgratirola
Guía gratuita de recursos en Internet.

Ferca
http://ferca.net/esgratis/
Más de novecientos recursos gratuitos clasificados por temas.

La Pagiweb de lo gratuito
http://www.hispachat.cjb.net
Ayuda a encontrar recursos gratis en la Red. También ofrece la posibilidad de albergar una página personal sin ningun coste.

Simarro.net
http://www.simarro.net/indice_intro.htm.
Simarro.net ofrece gratuitamente, no sólo el espacio telemático donde se puede crear una página en Internet, sino también la facilidad para crearla de una manera personalizada, eligiendo entre varios parámetros (fondo, color, tipo de letra, formatos, etc.). Esta página *web* ofrece muchos servicios gratuitos: espacio *web* para páginas personales, *e-mail* y muchas otras cosas.

Todo Gratis
http://www.ciudadfutura.net/internet-gratis/
Esta página propone las siguientes secciones: conectarse gratis, lista de correos electrónicos gratuitos, promoción de las páginas *web,* anuncios clasificados gratis, los mejores lugares de charla gratuitos, etc.

7.3.3. Internet y navegación

Accesorios IRC
http://www.arrakis.es/~alcon
Ofrece actualizaciones y la posibilidad de cargar herramientas que permitan charlar por la Red. Con utilidades como juegos, documentación, colecciones de sonidos, músicas, etc.

Apple
http://www.apple.es
Sitio oficial de *Apple* España. Este es el índice temático: productos, edición profesional, *Acerca de Apple,* registrarse, soporte y formación, educación, *Dónde comprar,* etc.

Argentina On-Line
http://www.ba.net/
Proveedor de Internet con los servicios siguientes: foros, manuales, posibilidad de diseñar una página *web,* etc.

Chile On-Line
http://www.chile-online.com/
Directorio, noticias, *chat, forums.*

Cyberian Outpost
http://www.outpost.com/
Equipos informáticos a precios competitivos y servicio al cliente. Página *web* en varios idiomas.

Intel
http://www.intel.com
Equipos informáticos PC.

Linux
http://www.linux.com
Equipos informáticos PC.

Microsoft
http://www.microsoft.com/spain
Todos los productos de Microsoft España.